코레아
우라

청년 안중근의 꿈

코레아 우라

펴 낸 날 | 2015년 3월 26일 초 판 1쇄
2024년 12월 25일 개정판 1쇄

지 은 이 | 박삼중
펴 낸 이 | 이태권
펴 낸 곳 | (주)태일소담
서울특별시 성북구 성북로5길 12, 소담빌딩 301호 (우) 02880
전화 | 02-745-8566   팩스 | 02-747-3238
e-mail | sodambooks@naver.com
등록번호 | 제2-42호(1979년 11월 14일)
홈페이지 | www.dreamsodam.co.kr

ISBN   979-11-6027-471-4 03910

청년 안중근의 꿈

크레아우라

박삼중
지음

소담출판사

※일러두기
제2장 「나는 군인 안중근이다」는 안중근 의사의 자서전 『안응칠 역사』와
박삼중 스님이 발로 뛰어 찾은 자료, 공판 기록, 안 의사 서거 이후 알려진 사실들을
중심으로 소설로 재구성하였으며, 홍서여 작가의 도움을 받았습니다.

대한 독립의 소리가 천국에 들려오면,
나는 마땅히 춤추며 만세를 부를 것이다.

-안중근

안중근

1879년 9월 2일~1910년 3월 26일

옥중 안중근

체포 후 촬영한 것으로 보이는 안중근 의사 사진.
수형 번호가 적힌 리본을 가슴에 달고 있다.
ⓒ안중근의사기념관

안중근 의사의 평화 사상이
전 세계로 퍼져나가기를 바라며

지금으로부터 118년 전인 1897년, 열아홉 살 청년이 자신의 가족과 함께 세례를 받았습니다. 그의 세례명은 토마스였습니다. 그는 깊은 믿음을 가진 그리스도인으로서 신부님을 도우며 봉사했고, 사람들에게 교리를 전했습니다. 그는 사람들에게 "한 집안 가운데는 그 집 주인이 있고, 한 나라에는 임금이 있듯이, 이 천지 위에는 천주님이 계십니다. 천주님은 시작도 없고 끝도 없는 삼위일체의 지위와 품격을 가지신 분입니다"라는 말을 전하며 열심히 전교했습니다. 그때까지 이 청년이 바라던 것은 단지 천주님을 믿으며 사랑을 실천하는 일이었습니다.

바로 그 청년이 아시아 전체의 평화를 깨뜨리고 수많은 사람들의 목숨을 앗아간 사람에게 총을 쏘았습니다. 왜 그 사람에게 총을 쏘았느냐는 검사의 물음에 그는 이렇게 대답했습니다.

"동양의 평화를 위해 쏘았소."

열아홉 살의 토마스는 서른두 살의 젊은 나이에 그렇게 세상을 떠났습니다. 그에게는 정의를 실천하였다는 종교적 신념이 있었기에, 사형이 집행되는 그곳에서도 누구보다 담대하고 초연했습니다. 동양의 평화를 위하여 옳은 일을 했다는 확신이 있었기 때문입니다. 그는 의병군을 조직하여 일제에 대항하는 중에도 생포한 일본군들을 그대로 살려 보내 자신이 가진 평화 사상을 몸소 실천하였습니다. 그가 바로 안중근 의사입니다.

박삼중 스님은 이런 안중근 의사의 평화 사상에 감명을 받아 삼십여 년 가까이 안 의사의 발자취를 쫓으셨습니다. 안 의사가 순국하신지 100년이 넘은 지금까지 그분의 유해를 찾지 못하고 있는 사실을 안타까워하시며 여러 차례 중국 뤼순旅順을 방문하셨습니다. 또한 일본과 중국에 흩어져 있는 안 의사의 유묵들을 찾아 이를 한국으로 들여오는 일을 하셨습니다. 그리고 일본에서 어렵게 구해 온 안 의사의 마지막 유묵 '경천敬天'을 천주교 서울대교구가 소장할 수 있도록 애써주셨습니다.

안 의사의 평화주의는 어느 한 사람 혼자서 이루어낼 수 있는 가치가 아닙니다. 너와 내가 우리가 되고, 우리와 너희가 또다시 큰 차원의 우리가 되어 만들어가는 범우주적 가치입니다. '내 이익과 영달을 위하여 타인을 해쳐서는 안 된다'는 안 의사의 사랑과 평화 사상은 지금 이 시대를 살아가는 우리들에게 꼭 필요한 최고의 가치입니다. 그러므로 안 의사가 이야기하는 평화란 '나와 우리, 우리나라'에만 국한되는 평화가 아닙니다. 나와 이웃 나라의 평화, 나아가 전 세계의 평화입니다. 그리고 그것이야말로 '경천' 사상입니다.

2015년은 안중근 의사가 순국하신 지 105년이 되는 해입니다. 안 의사의 숭고한 죽음이 헛되지 않도록 우리 모두 화합과 평화의 길을 열어가기를 희망합니다. 그런 의미에서 박삼중 스님께서 쓰신 이 책이 안 의사의 뜻을 알리는 데에 더할 나위 없이 훌륭한 밑거름이 되어주리라 믿습니다. 박삼중 스님의 노고에 감사드리며, 이 책이 출간될 수 있도록 힘써주신 모든 분들에게 감사의 인사 전합니다.

천주교 서울대교구장

추기경 염수정 안드레아

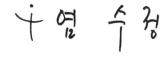

당신은 안중근에 대해
얼마나 많이 알고 있는가?

"스님, 왜 그렇게 안중근 의사 일에 앞장서시는지요? 지난 30년 가까운 스님의 행적을 보면 마치 안중근 홍보 대사 같습니다."

언젠가 나를 잘 아는 지인이 이런 말을 했다. 안 의사와 관련해 새로운 사실이 나올 때마다 어디든 쫓아가고, 중국 뤼순을 열 번 가까이 왕래하며 유해가 묻혀 있을 만한 곳을 수소문하고, 전국의 군부대를 다니며 안중근 의사에 대한 강연을 수백 번 하였으니 이런 말이 나올 만도 하다.

그때 그에게 이렇게 말했다.

"그런 게 있다면 기꺼이 하겠습니다. 홍보라는 게 뭐겠습니까? 저는 사람들에게 안중근 의사에 대해 정확하게 알려주는 그런 안내자가 되고 싶습니다. 할 수만 있다면 저는 죽어서도 안 의사의 홍보맨이 되고 싶습니다."

사실 앞의 말들은 그동안 셀 수 없이 많이 들었다. 나 스스로도 '안 의사에 미쳐 산 30년'이라고 말한다.

사람들은 묻는다.

"안중근이 그렇게 대단합니까?"

그러면 나는 그 사람에게 묻는다.

"당신은 안중근 의사에 대해 얼마나 많이 알고 있습니까?"

우리는 흔히 안중근을 '이토 히로부미伊藤博文를 사살한 애국지사'라고만 알고 있다. 이는 물론 틀림없는 사실이다. 그렇지만 이런 의미로만 안중근 의사를 규정하면 안 의사의 진면목을 놓치게 된다. '한국의 애국지사'라는 관점은 좁은 틀에서 놓고 보았을 때의 평가이다.

이토를 죽인 이유에는 물론 한국의 식민지화를 주도하였다는 것도 있다. 그러나 그보다는 그 무렵 일본 정부와 이토가 저지르고 있는 전쟁과 침략, 나아가 동양 질서의 파괴가 그 이유이다. 당시 일본은 강한 나라가 약한 나라를 약탈하고 정복하는 것이 정당하다는 제국주의적 세계관에 침윤되어 있었다. 이런 지배 논리를 앞세워 아시아 정복에 가장 적극적이었던 사람이 이토 히로부미였다.

러일전쟁에서 승리한 일본이 1905년, 한국 대신들을 총칼로 위협하여 강제로 성사시킨 을사5조약의 핵심 내용은 '한국의 외교권은 일본에 있다'라는 것이었다. 안중근 의사가 사형당한 해에 강제 체결된 한일 병합의 내용은 '한국 황제는 한국에 관한 일체의 통치권을 완전하고도 영구히 일왕에게 양여한다'라는 것이었다. 당시 이토가 하얼빈哈爾濱을 방문한 것도 만저우滿洲를 점령할 기회를 엿보기 위해서였다. 그대로 두다가는 아시아 전체가 일본의 점령국이 될 수도 있을 만큼 심각한 상황이었다.

그러므로 안 의사가 염려한 건 단지 한국의 안녕뿐이 아니었다. 동양 전체의 평화가 깨지고 있으며 그 과정에서 수많은 희생자가 속출하고 있었기 때문이다. 평화주의자 안중근이 생각하는 아시아에서의 이상적인 평화란 '공존 공생'이었다. 그게 흔들리면 공멸한다는 생각이었다. 아시아가 힘의 논리로 각축전을 벌이며 국력을 소진하고 있을 때 서양 열강들이 나타나 어부지리로 아시아를 집어삼킬 거라고 우려했다. 그런 생각은 안 의사가 쓴 『동양평화론』의 서문에 잘 나타나 있다.

지금 서양 세력이 동양으로 뻗쳐오는 환난은 동양 사람이 일치단결해서 국력 방어함이 최상책이라는 것은 비록 어린아이일지라도 익히 아는 일이다. 그런데도 무슨 이유로 일본은 이러한 대세를 돌아보지 못하고 같은 인종인 이웃 나라를 치고 우의를 끊어 스스로 방휼지세蚌鷸之勢를 만들어 어부를 기다리는 듯하는가.

(……) 동양의 수억 황인종 가운데 수많은 뜻있는 인사와 정의로운 사나이가 어찌 앉아서 수수방관하며 동양 전체가 까맣게 타 죽는 참상을 기다리기만 할 것인가? 또한 그렇게 하는 것이 옳겠는가. 그래서 나는 동

양 평화를 위한 의전義戰을 하얼빈에서 개전하고, 담판하는 자리를 뤼순으로 정했으며, 이어 동양 평화 문제에 관한 의견을 제출하는 바이다.

평화를 싫어하는 사람은 없다. 하지만 사람들은 탐욕 때문에 평화를 보류하거나 포기한다. 싸움과 갈등과 전쟁이 야기될 것을 알고 있으면서도 이를 감수한다. 지구 상에는 매일 싸움이 일어나고 있다. 그저 규모가 작으냐 크냐의 차이만 있을 뿐이다. 그 싸움의 원인은 대부분 욕심 때문이다.

안중근 의사는 일본의 영웅 이토를 죽인 후 일본 국민의 원수가 되었다. 이토가 안 의사의 총에 맞아 죽은 뒤 일본에서는 "사흘간 한국인들을 죽일 수 있도록 허락해달라"라는 청원이 빗발쳤다. 그런 일본인들이 안 의사를 만나고 난 뒤 그의 후원자가 되고 추종자가 되었다는 것을 통해 안 의사는 우리가 짐작하는 그 이상의 인물이었다는 것을 알 수 있다. 그것은 외모, 인품, 사상 등이 다 합쳐져서 나올 수 있는 '비범함'이었다.

우리 역사에서 안중근이라는 인물이 살다 갔다는 것은 기적과 같은 일이다. 이토라는 인물을 죽였기 때문에 '영웅'이 아니다. 그가 그 척박한 시대에 무엇을 실천하다 간 것인지를 이해하지 못한다면 그는 그저 수많은 애국지사 중 한 명일 뿐이다. 그가 우리에게 주는 키워드는 '애국'이 아니다. 그가 스스로 죽음을 택하면서까지 세상에 던진 메시지는 '화합'과 '평화'이다. 그리고 이 메시지는 오늘날을 살아가는 우리에게도 유효한 교훈이다.

욕심과 욕망에 대하여, 삶과 죽음에 대하여, 갈등과 대립에 대하여, 정의와 용기에 대하여, 옳고 그름에 대하여 아무도 답을 가르쳐주지 못하고 있는 이 시대는 얼마나 각박하고 어둡고 위태로운가.

사람들은 말한다.

"안중근이 언제 적 사람인데 아직도 안중근이야?"

안 의사가 목숨과 맞바꾸며 세상에 던져 주고 간 메시지가 한물간 것이라고 생각한다면 당신은 아직 안중근을 모르는 것이다. 그리고 당신이 안중근을 인정하긴 하지만 아직 안중근이란 인물에 홀딱 빠져 있지 않다면, 아직 미쳐 있지 않다면, 당신은 안중근을 제대로 아는 게 아니다.

다음은 중국의 정치가 위안스카이袁世凱가 안중근이 사형당했다는 소식을 듣고 쓴 추모 시이다.

평생에 하고자 한 일을 지금 하였네.

마땅히 죽을 일에서 살기를 바람은 장부가 아니려니.

몸은 비록 한국에 있지만 만방에 이름을 떨치네.

살아 100년을 못 가지만 죽어 1000년을 가리라.

"안중근이 그렇게 대단합니까?"

나는 이 질문에 다시 한 번 이렇게 묻고 싶다.

"당신은 안중근 의사에 대해 얼마나 많이 알고 있습니까?"

2015년 3월 박삼중

제2장
나는 군인 안중근이다

제3장
경천敬天, 하늘을 우러르는 마음으로

그때까지 내가 안 의사에 대해
알고 있는 건 '일본의 전쟁 영웅
이토 히로부미를 저격한 한국의
애국지사' 정도였다. 그런데 지바
도시치라는 일본 헌병의 일생에
미친 영향을 눈으로 직접 보면서
안중근이란 인간 자체에 대해
자세히 알고 싶어졌다. 스님
박삼중이 독실한 가톨릭 신자였던
도마(토마스) 안중근의 흔적을
쫓아 30년 세월을 보내게 되는
그 시작이 열리는 순간이었다.

제1장

삼중으로 산다는 것

형무소 담장 뒤에서 태어난 아이

가끔 이렇게 묻는 사람이 있다.

"스님, 사는 게 너무 힘들어요. 부처님을 믿으면 제 마음에도 평화가 올까요?"

그러면 나는 이런 말을 해준다.

"어떤 종교를 갖느냐는 중요하지 않습니다. 어떤 마음으로 믿느냐가 중요하지요. 교회든 성당이든 절이든 무엇이 그리 중요하겠습니까?"

그러면 어떤 사람은 "아 그렇군요. 그 말씀이야말로 큰 가르침이네요" 하는가 하면, 어떤 사람은 "스님이 그런 말씀을 하시다니!" 하면서 웃는다. 불교에 귀의한 자로서 부처를 권하는 것이 마땅하겠지만 세상에는 죄를 짓는 중도, 목사도, 신부도 있다. 그러니 무엇을 믿는다 한들 스스로가 깨닫지 못한다면 신앙은 아무런 역할도 할 수 없다.

스스로 깨친다면 누구나 부처가 될 수 있다는 게 불교이다. 비슷한 말이 성경에도 있다. 하느님은 "천국이 네 안에 있다"라고 하셨다. 나는 부처를 믿어야만 구원받을 수 있다고 사람들에게 강요하지 않는다. 다만, 무엇을 믿든 죄를 짓지 말라고 할 뿐이다.

사람들이 죄를 짓는 건 집착 때문이다. 부처님은, 현상계의 만물은 집착할 게 못 된다고 가르치면서 무아無我를 강조하셨다. 자기 외부에 대한 집착을 버리기 위해선 나 자신의 욕망으로부터 벗어나 무아로서의 자신에 이를 수 있어야 한다는 것이다. 원효대사는 「화엄경」의 서문에 '모든 것에 걸림 없는 사람이 생사의 굴레를 초월할 수 있다'라는 말로써 '나'를 비워야 '무아'라는 본성과 만날 수 있다고 적고 있다.

그런데 집착과 욕망으로부터 벗어날 수 없기에 나와 또 다른 내가 끊임없이 격돌하고 갈등하는 것, 그게 삶이다. 나 같은 스님은 수정처럼 투명한 무욕의 인격을 지녔을 거라고 사람들은 흔히 오해한다. 그런 훌륭한 스님들도 계시지만 그런 분들에 비하면 나는 여전히 많이 부족하다. 다만 그걸 잘 알기에 매일을 수양하는 마음으로 돌아보고 다스리고자 하는 것이다.

사람들은 이런 나를 '재소자들의 아버지'라고 하기도 하고 '사형수들의 대부'라고도 한다. 이렇게 불리는 것이 감사하기도 하지만 한편으론 그만큼의 중압감에 시달리는 것도 사실이다. 과장해서 말하면, 대한민국 사형수 대부분이 나를 만나기를 학수고대한다. 나를 만나면 살 수 있을지도 모른다는 희망을 가지기 때문이다. 사형수들을 만나러 다닌 지 어느덧 30년이 넘었다.

내가 전국을 다니며 사형수들을 만나는 건 그들에게 스스로와 화해할 기회를 주기 위해서이다. 그래야만 세상과 삶에 품고 있는 적개심과 소외감으로부터 벗어날 수 있기 때문이다. 죄는 미워하되 죄인은 미워하지 말라는 말이 있다. 지금까지 수많은 사형수를 만나면서 확인한 사실은 처음부터 죄인으로 태어난 사람은 단 한 명도 없었다는 사실이다. 살아가면서 어찌어찌하다 보니 죄의 나락으로 빠지게 된 거고, 극히 드물지만 어떤 이들은 누명을 쓰고 사형수가 되기도 한다. 나는 그런 이들의 마음을 진심으로 읽어주고 말하지 않은 부분의 아픔까지 어루만져주는 일을 해왔다.

사형수들 중에는 참회는커녕 불운했던 자기 인생만 한탄하며 하루하루 살아가는 사람이 많다. 예기치 않게 누명을 쓰고 사형수 된 사람들의 경우 그 억울함과 세상에 대한 분노는 세월에 희석되지 않는다. 그런 사람들을 위해 여론을 환기시켜 사면이나 감형을 받을 수 있도록 하는 건 오랜 시간과 끈기가 필요한 일이었지만 당사자와 그 가족을 생각하면 포기할 수가 없었다.

요즘도 나는 정기적으로 전국에 있는 재소자와 사형수 들을 만나러 다닌다. 우리나라 스님들 중에서 나만큼 사형수를 많이 만난 사람은 없을 것이다. 하필이면 세속에서도 죄 많은 사람이 가장 많이 모여 있는 곳으로만 다니느냐고 우려하는 사람도 있다. 그러나 스님이야말로 어떤 편견이나 차별 없이 누구든 만날 수 있어야 한다. 더욱이 죄수들이 모여 있는 곳이야말로 관심 어린 대화가 필요하다. 무엇보다도 형무소, 구치소, 죄수 등의 단어들은 나에게 처음부터 낯선 게 아니었다.

1942년 겨울, 서울 현저동에 있던 서대문형무소 담장 바로 뒷집에서 나는 태어났다. 걸음마를 시작할 무렵 내가 가장 많이 본 이들은 형무소 재소자들이었다. 서대문형무소는 한일 병합 이후 한국통감부가 독립군과 의병 탄압을 위해 1908년에 만든 감옥으로, 처음에는 경성 감옥이라는 이름이었지만 1923년에 서대문형무소로 바뀌었다. 1945년에 해방되어 일본인들이 돌아갈 때까지 이 형무소엔 많은 독립운동가들이 수감되었으며 몇 분은 이곳에서 사형을 당했다. 1919년 3·1운동 직후엔 서른세 명의 민족 대표와 유관순 열사를 비롯하여 무려 삼천여 명이 투옥된 적도 있었다.

여덟 살까지 나는 이 동네에서 자랐다. 놀 장소가 마땅치 않아 동네 아이들과 주로 형무소 정문 앞에서 구슬치기를 하며 놀았는데, 재소자들은 한겨울에도 맨발에 고무신 차림으로 노역에 시달려야 했다.

내가 태어나기 훨씬 전인 1909년 10월 26일, 당시 러시아령이었던 하얼빈에서 안중근 의사의 저격으로 이토 히로부미가 사망하는 일이 있었다. 이 일은 국내외 한국인들에게 독립 의지를 고취시키는 기폭제가 되었다.

1910년 12월에 안명근을 주축으로 황해도 신천에서 무관학교의 설립 자금을 모집하는 일이 있었는데 민병찬의 밀고로 백육십여 명이 체포되는 사건이 있었다. 일본에서는 이 일을 당시 총독이었던 데라우치 마사타케寺內正毅 암살 사건으로 날조, 105인을 서울로 입송하여 서대문형무소에 수감했다. '신민회 사건' 또는 '105인 사건'으로도 불리는 이 일에 김구도 연루되어 15년 형을 받았다. 김구는 서대문형무소에 수감되었던 때를 회고하며 『백범일지』에서 이렇게 썼다.

내가 복역한 지 7, 8개월 만에 어머님이 서대문 감옥으로 나를 면회하러 오셨다. 딸깍하고 주먹 하나 드나들 만한 구멍이 열리기에 내다본즉 어머니가 서 계시고 그 곁에는 일본인 간수 한 놈이 지키고 있었다. 어머님은 태연한 안색으로 "나는 네가 경기감사를 한 것보담 더 기쁘게 생각한다. 면회는 한 사람밖에 못 한다고 해서 네 처와 화경이는 저 밖에 와 있다. 우리 세 식구는 잘 있으니 염려 말아라. 옥중에서 네 몸이나 잘 보중하여라. 밥이 부족하거든 하루 두 번씩 사식 들여주랴?" 하시면서 목소리가 하나도 떨림이 없었다. 저렇게 씩씩하신 어머니께서 자식을 왜놈에게 빼앗기시고 면회를 하겠다고 왜놈에게 고개를 숙여 청원을 하셨을 것을 생각하니 황송하고도 분했다.

훌륭한 자식 뒤에는 반드시 훌륭한 어머니가 있다. 이처럼 독립투사의 어머니들은 어느 순간에도 비굴하지 않으셨다. 이렇게 서대문형무소는 일제강점기에 김구를 비롯하여 수많은 애국지사를 투옥해서 탄압하고 강제 노역을 시켰던 곳이다. 광복 이후 대한민국 정부가 수립되어서는 서울형무소로 이름이 바뀌어 1987년까지 계속 교도소로 사용되다가 의왕시로 이전되었다. 지금은 역사관으로 사용하고 있다.

가끔 그곳을 지날 때면 마치 고향에 온 듯한 기분이 들면서 어린 시절 보았던 장면이 어제 일처럼 떠오른다. 푸른 수의의 죄수들이 총을 멘 간수들의 감시 아래 강제 노역을 하는 모습이 어린 마음에도 안되었던지 어머니에게 물은 적이 있다.

"엄마, 왜 저 사람들은 하루 종일 일만 해요? 그리고 저 사람들은 왜 총으로 사람들을 때려요?"

그러자 어머니가 낮은 목소리로 이렇게 말씀하셨다.

"죄인이기 때문이지. 그렇지만 저분들은 나쁜 죄를 지은 사람들이 아니란다. 용감하고 훌륭한 분들이지."

나는 다시 물었다.

"용감하고 훌륭한 분들을 왜 저곳에 가두고 있어요?"

"힘이 없기 때문이야. 힘이 없으면 옳은 일을 하고도 저렇게 죄인 대우를 받게 되는 거야."

비록 어린 나이였지만 막연히 어떤 울분 같은 걸 느꼈다. 그러면서 머릿속에는 교도소에 갇혀 있는 사람들에 대한 측은함과 안타까움이 자리 잡았다. 그 동네에서 여덟 살까지 살다가 해방을 맞았고, 한국전쟁이 일어나는 걸 보았다. 오랜 세월이 지나 스님이 된 뒤, 의왕시로 옮긴 서울구치소를 비롯하여 전국의 교도소들을 다니며 재소자 교화로 일생을 보내고 있으니 그 모든 인연의 굴레가 오래전부터 서로 얽혀 있었던 것은 아닌가 싶다.

어머니 꽃

산에는 꽃 피네

꽃이 피네

갈 봄 여름 없이

꽃이 피네

산에

산에

피는 꽃은

저만치 혼자서 피어 있네

산에서 우는 작은 새여

꽃이 좋아

산에서 사노라네

산에는 꽃 지네

꽃이 지네

갈 봄 여름 없이

꽃이 지네

　김소월의 시 '산유화'를 보면 어머니 생각이 난다. 내가 기억하는 어머니는 꽃처럼 아름다우면서도 '저만치 혼자서 피어' 있는 것처럼 고고하면서도 외로운 사람이었다. 그렇지만 꽃이면서도 활짝 만개해보지도 못하고 '갈 봄 여름 없이' 지고 만 꽃처럼 어머니의 삶은 고난의 연속이었다.

　서울에 있던 외가는 일제에 의해 재산을 수탈당하기는 했지만 살아가는 데에 지장을 주진 않았던 것 같다. 영민하고 예뻤던 어머니는 어려서부터 집안의 관심과 사랑을 독차지했다고 한다. 지금의 초등학교인 소학교 시절에 승마와 사격까지 배웠다고 하니 어머니가 자라온 환경이 얼마나 유복했는지 짐작된다.

　부족함 없이 자란 어머니는 매사에 당당하고 자신감이 넘쳤다. 어머니가 여고생일 때, 동네 엿장수 할아버지를 괴롭히는 건달을 보고 외삼촌이 혼을 내준 일이 있었다. 당시 외삼촌은 씨름선수를 할 정도로 체격이 좋았다. 혼자서 외삼촌을 상대하기엔 자신이 없었는지 건달은 별 저항 없이 달아났다.

　그런데 다음 날 그 건달이 덩치 좋은 친구들을 끌고 집으로 찾아와 행패를 부렸다. 외삼촌을 포함하여 식구들이 방에서 나오질 못하고 있는데 어머니가 뒷문으로 몰래 나가서 경찰을 불러왔다. 경찰을 대동하고 집으로 온 어머니는 건달들의 뺨을 때리면서 따졌다.

"비겁하게 떼로 몰려와서 이게 무슨 짓이야! 사내대장부면 당당하게 일대일로 싸워서 승부를 볼 일이지!"

경찰이 있다고는 하지만 후환이 두려워서라도 하기 어려운 행동이었다. 그만큼 어머니는 자기 주관이 뚜렷하고 당당한 여성이었다.

경찰이 건달들을 모두 쫓아낸 뒤 외할아버지가 어머니한테 다가가 물으셨다.

"효민아, 그놈들이 너한테 해코지라도 하면 어쩌려고 그랬느냐?"

그러자 어머니가 대답했다.

"아버지, 무섭다고 대응을 하지 않으면 계속 당하고 살 수밖에 없습니다."

그 말에 식구들이 아무 말도 하지 못했다고 한다. 이런 성품의 어머니를 여고 졸업하자마자 시집보내려고 하자 어머니는 반발했다. 당시 신여성들 대부분의 꿈이 그렇듯 어머니도 일본에 가서 공부를 더 하고 오기를 희망했다. 일본 통치하에서 일본의 영향력이 절대적이었으니 기왕 공부하려면 일본에 가서 하고 싶었던 것이다. 그런 다음 사회에서 인정받는 직업을 가지고 독립적인 삶을 살고자 했다. 결혼은 안 해도 그만이고 하게 되더라도 먼 훗날 하고 싶었다.

그러나 외할아버지와 외증조모는 결사반대였다. 여자가 공부를 많이 해봐야 팔자만 사나워진다는 생각이 지배적인 시대였기 때문이다. 어머니의 희망 사항은 외할아버지에게 오히려 위험하게 비쳤던 것 같다. 결혼에 대한 압박이 심해지자 어머니는 더는 집에 있을 수가 없었다. 가만있다간 금방이라도 날을 잡아 강제로 혼인시킬 것 같았다. 그래서 고민 끝에 일단 집을 나와 일본에 가기로 했다.

어머니는 식구들 몰래 집을 나와 친구가 있는 부산에 내려갔다. 그곳에서 며칠을 보낸 뒤 배를 타고 일본으로 갈 생각이었다. 가진 돈도 얼마 없었고 일본에서 당장 숙식을 해결할 데도 없었지만 내키지 않는 결혼을 할 수는 없었다. 그렇다고 앞날이 걱정되진 않았다. 일본이 한국보다 발전한 나라라고 하니 아무려면 자기 하나 취직할 곳이 없으랴 싶었다. 돈을 벌면서 공부할 자신도 있었다.

마침내 배가 출항하는 날이 되어 어머니는 아침에 부산항으로 나갔다. 그런데 어떻게 알았는지 그곳에 외할아버지와 외증조모가 기다리고 계셨다. 어머니가 아무 말 없이 집을 나가 들어오지 않으니 집안이 발칵 뒤집어진 건 당연했다. 결혼 대신 일본에 가서 공부하겠다고 했으니 혹시나 하고 일본으로 떠나는 배편이 있는 날 기다리고 있었던 것이다.

연로하신 외증조모까지 찾아 나선 걸 보니 어머니는 죄스러워졌다. "아이고 효민아, 효민아, 이 할미를 버리고 네가 어디를 가려고 한단 말이냐?" 하면서 펑펑 우시니 손을 뿌리칠 수가 없었다.

어머니는 결국 두 사람의 손에 이끌려 다시 서울로 올라와야만 했다. 며칠 사이에 눈이 퀭하고 수척해진 두 사람을 보면서 죄책감이 들었다. 어머니는 자기 방에서 사흘 밤낮을 두문불출하고 고민했다. 다시 집을 나갈 수도 있었지만 또다시 어른들께 심려를 끼칠 생각을 하니 마음이 약해졌다.

어머니는 결국 외할아버지가 권하는 신랑감을 만나보기로 했다. 집안에서 그토록 원하니 상대가 너무 싫지만 않으면 결혼해야겠다는 생각이었다. 남자는 대학생이며 큰 부자는 아니지만 돈 걱정은 하지 않아도 되는 집안이니 그만하면 괜찮은 혼처라고 외할아버지는 흡족해하셨다.

신랑감을 본 어머니는 깜짝 놀랐다. 자신이 여고생일 때 한동안 자신을 따라다니던 대학생이었기 때문이다. 어머니를 마음에 두고 있던 그 남자가 어른들을 통해 정식으로 혼담을 진행한 것이다. 처음 보는 사람도 아닌 데다 인상도 괜찮고 점잖아 보여서 어머니는 부모님 뜻을 따르기로 했다. 그렇지만 신랑에 대한 애정이 싹틀 정도의 호감은 아니었기 때문에 결혼 자체가 설레고 기쁜 일은 아니었다. 매사에 당당하고 잘 웃던 어머니는 이때부터 조금씩 웃음을 잃어갔다.

혼례를 올린 어머니는 남편을 따라 시댁으로 들어갔다. 즉, 나의 친가로 들어가신 것이다. 첫날, 할머니는 어머니에게 이불을 한 채 내주셨다.

"아가야, 이 이불은 소중한 거니까 잘 간직하여라."

어머니는 친정에서 마련해준 요와 이불이 있었기에 시어머니가 주신 이불은 고이 서랍장에 올려놓았다. 내심 '평범해 보이는 이 이불에 무슨 사연이라도 있는 걸까?' 궁금했지만 시어머니가 어려워서 감히 묻지는 못했다.

마지못해 결혼한 어머니는 조금씩 아버지에게 마음을 열어갔다. 하지만 마음 한쪽에는 '인간으로 태어나서 마음껏 역량을 펼쳐보지도 못한 채 이렇게 남자의 그늘에서 아이 낳고 살림하면서 늙어가는 것이 나의 인생이겠구나' 하는 아쉬움이 남아 있었다.

혼례를 치른 지 6개월이 채 지나지 않은 어느 날이었다. 갑자기 일본 헌병들이 집 안으로 들이닥쳐 아버지 손에 수갑을 채우고 여기저기를 뒤졌다. 어머니 신혼 방도 샅샅이 뒤지기 시작했는데, 갑자기 한 헌병이 "찾았다!" 하고 다른 헌병들을 향해 소리쳤다. 그러자 헌병들이 일제히 행동을 멈추고 그에게 달려갔다.

소리친 헌병은 할머니가 주신 이불을 칼로 찢고 그 안에서 찾아낸 노란 서류 봉투를 자랑스럽게 흔들어 보였다. 어머니는 안에 그런 게 있는 줄은 전혀 몰랐다. 그런데 아버지는 그게 무엇인지 이미 다 아는 듯 헌병들의 팔을 뿌리치며 서류 봉투를 든 남자 쪽으로 달려갔다.

"이놈들아 내놔라! 왜 남의 물건에 함부로 손을 대느냐!"

그러나 아버지는 금방 제지당했다. 서류 봉투를 손에 넣은 헌병들은 포박한 아버지를 데리고 돌아갔다.

집 안은 쑥대밭이 되어 있었다. 놀라고 당황해서 어쩔 줄을 모르는 어머니와는 달리 나의 조부모는 마치 올 것이 오고야 말았다는 표정이었다. 문제의 이불을 건넨 시어머니가 이 일의 자초지종을 모를 리 없었다.

어머니는 나의 조부모님께 그날의 일에 대해 조심스레 물었다.

"두 분은 오늘 왜 이런 일이 일어났는지 다 아시죠? 저에게 사실대로 말씀해주세요."

"새아가, 이런 날이 이렇게 빨리 올 줄 몰랐다. 미안하구나. 이제는 너도 알아야 하니까 사실대로 말하마. 놀라지 말고 들어라."

그날 밤 할아버지는 어머니에게 놀라운 사실을 털어놓았다.

나라 잃은 민족, 아버지와 어머니가 치른 희생

할아버지의 이야기를 다 듣고 난 어머니는 그날 밤을 뜬눈으로 보냈다. 결혼한 지 6개월도 안 되어 남편이 느닷없이 잡혀간 것도 놀랄 일이었지만 그 내막을 들으니 걱정이 되었기 때문이다.

내 친가에선 그 일이 있기 몇 년 전부터 비밀리에 꾸준히 독립운동 자금을 대주고 있었다. 그 일을 아버지가 주로 해왔고, 이불 속에서 나온 봉투에는 그런 내용들이 적혀 있었던 것이다. 그런 혐의로 끌려갔으니 쉽게 풀려날 리가 없었다. 게다가 그 여파가 식구들한테까지 미칠까 봐 어머니는 밤새 노심초사하셨던 것이다.

아니나 다를까 다음 날 아침, 헌병들이 다시 들이닥쳤다. 그런데 할아버지가 아닌 어머니에게 수갑을 채웠다. 어머니는 영문도 모른 채 아버지가 전날 끌려가신 헌병대로 끌려갔다. 그곳에서 만난 아버지는 하룻밤 사이에 얼마나 심한 고문을 받았는지 온몸이 피투성이가 되어 있었다. 어머니는 그곳에서 사흘 밤낮 고문을 받았다.

"대일본제국에 저항하는 놈들에게 자금을 대주는 집안으로 시집을 왔다는 건 당신도 같은 생각을 가졌기 때문 아니야? 지금까지 당신들 부부가 몇 번이나 독립군들과 접촉했는지, 어떤 방식으로 만나왔는지 당장 말하라!"

아무것도 모른다고 어머니는 사실대로 말했지만 헌병들은 믿지 않았다. 그들은 아버지와 어머니를 통해 독립군들의 주요 거점과 접선 방법 등을 알아내려고 했다. 어머니는 계속되는 고문에 몇 번이나 혼절했다가 깨어나곤 했다.

아무것도 알아내지 못하자 그들은 나흘째 되던 날에 어머니를 집으로 돌려보냈다. 어머니의 몰골은 말이 아니었다. 여기저기 상처를 입기도 했지만 온몸이 퉁퉁 부어서 헌병대에 끌려갈 때 신었던 신발에 발이 들어가지도 않을 정도였다. 집으로 들어서는 어머니를 보고 할머니는 그 자리에 주저앉아 한참을 우셨다고 한다.

악몽 같았던 기억을 털어내려는 듯 어머니는 방에서 그대로 쓰러져 며칠간 죽은 사람처럼 잠만 잤다. 꿈에서도 헌병들에게 시달리는지 가끔 비명을 지르며 괴로워하셨다고 한다. 그렇게 잠만 자던 어머니는 사흘 만에 일어나서는 죽을 한 모금 겨우 뜨고 아버지 면회를 갔다. 그 사이 아버지의 모습은 첫날보다 더 피폐해져 있었다.

어머니는 그런 아버지 앞에서 아무 말도 할 수 없었다. 아버지 역시 어머니 모습에 목이 메기는 마찬가지였다. 며칠 몸을 추슬렀다고는 하지만 한눈에 봐도 어머니에게 무슨 일이 있었는지를 짐작할 수 있었다. 한 여인을 흠모해서 결국은 아내로 만들었지만 자신으로 인해 모진 고문까지 당했으니 아버지로선 통탄할 일이었다.

아버지는 맞아서 멍이 든 얼굴을 들어 어머니를 바라보며 힘겹게 말을 이었다.

"나를 용서하시오……. 내가 당신을 얼마나…… 얼마나…… 사랑하는지 아마 당신은 모를 거요. 죽지 않고 이곳을 나간다면 당신과…… 영원히 함께하겠소."

살아서 집으로 돌아갈지 장담할 수 없는 상황에서 아버지는 유언이라도 하듯 어머니에게 자신의 마음을 전했다. 그 속내를 모를 리 없는 어머니였다.

"저는 괜찮아요. 당신은 옳은 일을 한 거잖아요. 부모님을 생각해서라도 마음 약하게 먹지 마세요."

말은 그렇게 했지만 그런 식으로 계속 고문을 받다간 언제 죽을지 모르는 상황이었다. 집으로 돌아온 어머니는 아버지 상태를 설명했다. 헌병대로 끌려가 죽어 나온 사람이 한둘이 아니었기에 친가에선 비상이 걸렸다. 어떻게든 아버지를 헌병대에서 데리고 나와야만 했다. 독립운동 자금을 대주었다는 명백한 증거물까지 있었기 때문에 병보석이 아니라면 나올 방법이 없었다. 문제는 돈이었다.

할아버지는 지인들한테 돈을 빌렸다. 친가에서 갖고 있던 재산은 지난 몇 년간의 독립운동 자금 지원으로 바닥이 난 상태였다. 할아버지와 아버지는 나라를 찾을 수만 있다면 집안이 빈털터리가 되어도 좋다는 신념을 가지고 있었다. 소유하고 있던 논과 밭의 일부를 소작농들에게 거저 나눠줄 정도로 성품이 좋았던 할아버지는 지인들의 도움으로 돈을 마련할 수 있었다. 그리하여 아버지는 한 달 만에 병보석으로 가까스로 풀려났다. 하지만 한 달 동안 거의 매일 고문을 받았기 때문에 겨우 목숨만 붙어 있는 상태였다.

할아버지는 아버지를 병원에 입원시키셨다. 아버지는 고문 후유증으로 회복 불능에 가까웠다. 온 가족이 돌아가며 아버지를 간호했지만 아버지의 병세는 나날이 심해지기만 했다. 앙상하게 마른 몸으로 병원 침대에 누워 숨을 쉬는 것조차도 힘겨워했다.

설상가상으로 친가 식구들은 살고 있던 집에서도 나와야 했다. 원래 살던 집마저 독립운동 자금으로 내주고, 지인이 한동안 집을 비우게 되었다기에 그곳에 대신 들어가 살았는데 갑자기 그 집을 비워달라는 것이다. 할아버지는 가진 돈이 얼마 없었기 때문에 어렵게 단칸방을 얻었다. 그 방에서 할아버지, 증조모, 어머니, 고모 등 친가 식구들이 함께 살아야 했다.

하루는 이 소식을 들은 나의 외할아버지가 친가로 달려오셨다. 사돈 될 사람들의 성품이 좋다고 소문이 나 있는 것도 마음에 들었지만, 결혼을 서두른 가장 큰 이유는 돈 걱정 하지 않고 살아도 될 집안 같아서였다. 그런데 부자였던 건 수년 전 이야기고 이제는 단칸방에서 온 식구가 살아야 한다니 외할아버지로선 기가 막힐 노릇이었다. 게다가 사위는 독립운동을 도운 죄로 고문을 받아 중환자가 되어 누워 있다니 청천벽력이었다.

외할아버지는 사기 결혼 운운하며 어머니를 이제라도 데리고 가겠다고 했다. 친할아버지 입장에선 미안해서 어떤 변명도 할 수 없었다.

외할아버지는 당장 짐을 싸서 자신과 함께 가자고 어머니를 설득했다. 그러나 어머니의 태도는 요지부동이었다.

"아버지, 저는 출가외인입니다. 남편과 시댁이 곤궁하고 어려운 처지에 놓였는데 저만 살겠다고 버리고 갈 수는 없습니다."

어머니는 외할아버지의 손을 뿌리치고 친가에 남았다. 그때 어머니의 배 속에는 이미 내가 자리 잡고 있었다. 어머니의 뜻이 워낙 강경한지라 더는 강요할 수 없었다. 친가 식구들이 그때 이사한 단칸방이 바로 서대문형무소 담장 뒤에 있었다. 어머니는 그 집에서 나를 낳으셨다.

어머니는 산후 조리도 변변히 하지 못한 채 명동에 있는 다방에 취직했다. 병보석으로 빚을 진 데다 당장 생활비를 벌어야 했기 때문이다. 그 다방은 일본인 상류층이 주로 드나들던 곳이었는데, 어머니는 카운터에서 손님을 맞고 계산하는 일을 했다. 갓난아기였던 나는 조부모님이 보셨고, 대신 어머니는 다방에서 퇴근하면 곧장 병원으로 가서 밤새 아버지를 간호하고 아침에 다시 출근했다.

아버지의 병세는 좀처럼 나아지지 않았고 어린 나까지 툭하면 아팠다. 어떤 날은 둘이 번갈아가며 고열에 시달려서 어머니를 더욱 절망스럽게 했다. 하루는 너무 답답한 나머지 어머니는 용하다는 점쟁이를 찾아갔다.

어머니를 보자 대뜸 점쟁이가 이렇게 말하며 혀를 찼다.

"쯧쯧, 기구한 팔자로구나. 자식이 살면 아버지가 죽고 아버지가 살면 자식이 죽어. 둘 중 누굴 살리고 싶어?"

어머니는 심장이 무너져 내리는 것 같았다.

"둘 다 살릴 수 없나요?"

"안 돼!"

점쟁이는 단호하게 말했다.

점쟁이의 그 말이 마치 신의 예언이라도 되는 듯 절박해진 어머니는 떨리는 음성으로 말했다.

"아이를…… 아이를 살려주세요."

점쟁이가 부적을 한 장 내주었다. 집에 오니 신기하게도 내 열이 내려 있었다. 그러나 그것도 잠시였다. 며칠 뒤 나는 다시 온몸이 불덩이처럼 뜨거워졌다. 그때 마침 우리 집에 외삼촌이 와 있었다. 나를 안고 병원으로 달려가던 중 외삼촌이 갑자기 걸음을 멈추더니 어머니에게 말했다.

"효민아, 아기가 죽은 모양이다. 숨을 쉬지 않는구나."

"오빠, 그럴 리가 없어요. 빨리…… 어서 빨리 병원으로 가요."

병원 응급실에 도착했을 때 외삼촌과 어머니의 얼굴은 이미 사색이 되어 있었다. 환자의 상태가 얼마나 위급한지를 짐작한 의사는 서둘러 나를 침대에 눕혔다.

나를 살펴보던 의사는 침통한 목소리로 말했다.

"아기가 죽었네요."

병원에 도착하기 전부터 내가 이미 죽었을지도 모른다고 생각하고 있던 두 사람은 의사의 사망 선고에 망연자실했다.

나를 다시 안으려는 외삼촌에게 어머니가 말했다.

"오빠, 내가 업고 갈게요."

외삼촌은 나를 어머니 등에 업혀주었다. 두 사람은 그렇게 병원을 나왔다.

얼마를 걸었을까. 갑자기 어머니가 걸음을 멈추고 혼잣말처럼 중얼거렸다. 작은 목소리였지만 결연했다.

"이렇게는 안 되겠어요. 이렇게 보낼 순 없어요."

어머니는 발걸음을 돌려 병원을 향해 빠른 속도로 걸었다. 영문도 모른 채 외삼촌은 여동생의 뒤를 쫓아갔다. 이유를 물을 수도 없었다. 어머니의 얼굴은 죽음이라도 각오한 듯 비장해 보였다.

얼마 후 다시 병원 응급실에 도착한 어머니는 조금 전 그 의사에게 달려갔다.

"선생님, 우리 아기를 이대로 보낼 순 없어요. 제발 어떻게 좀 해주세요."

"이미 죽은 아기를 저보고 어떻게 해달라는 건가요?"

"선생님은 의사시잖아요. 그러니 뭐라도 좀 해보세요…… 제발 우리 아기를 살려주세요."

매달리는 어머니가 안돼 보였는지 의사는 아스피린 한 알을 건넸다. 죽은 아기에게 아무 소용이 없을 걸 알지만 의사로선 그렇게라도 어머니를 달래서 돌려보내고 싶었던 것 같다.

어머니는 나를 데리고 집으로 와서 아스피린을 물에 개어 내 입에 억지로 넣었다. 그런 어머니를 외삼촌은 말릴 수도 없었다. 어머니의 행동이 그만큼 절박하고 숙연해 보였기 때문이다.

그런데 갑자기 미동도 않던 내가 입안에서 무언가를 탁 뱉어냈다.

동시에 머리 한쪽에서 갑자기 피가 흐르기 시작했다. 어머니와 외삼촌이 놀라서 나를 들여다보니 내가 희미하나마 숨을 쉬고 있었다.

"아기가 죽지 않았어요! 아기가 살아났어요!"

두 사람은 나를 업고 다시 병원으로 달려갔다. 숨을 쉬고 있는 나를 보더니 의사는 깜짝 놀랐다.

"아이가 다시 살아났다니 믿을 수가 없군요. 피가 나오는 머리 부위를 당장 꿰매야 합니다."

수술을 마친 의사가 여전히 믿기지 않는다는 얼굴로 말했다.

"수술도 잘되었고 체온도 정상입니다. 외부 충격도 없었는데 머리가 그렇게 찢어졌다니 이해가 되지 않지만, 그 때문에 열이 내려가서 살 수 있었습니다."

그렇게 나는 살아났다. 내가 생사의 경계를 오가다 가까스로 목숨을 부지하게 된 그 시각에 아버지는 병원에서 숨을 거두고 말았다. 그때 아버지는 스물두 살이었다. 우연일 수도 있지만 어쨌든 점쟁이의 말대로 한 사람은 죽고 한 사람은 살아난 것이다. 자신의 비극적 삶을 본능적으로 예견했기에 어머니는 결혼을 그토록 피하고 싶었던 걸까. 열아홉 살에 과부가 된 어머니는 그날 밤 돌도 안 지난 나를 끌어안고 밤새 흐느끼셨다.

어머니와 나, 그리고 어머니의 선택

불과 일 년여 만에 어머니는 전혀 다른 사람이 되어갔다. 집에 쳐들어온 건달들의 뺨을 때리며 꾸짖던 당당한 여학생의 모습은 어디에도 없었다. 어머니는 자신에게 닥친 모든 불행과 비극이 마치 자신의 잘못이라도 되는 양 풀이 죽어 살았다. 어린 내가 보기에도 어머니는 젊고 아름다웠지만 어머니의 표정은 마치 삶이 다 끝난 사람처럼 슬퍼 보였다.

단칸방에서 어린 나 하나에게 의지해 시집 식구들과 지내는 어머니에게 외가 식구들은 여러 번 재혼을 종용했다. 친가 식구들도 언제까지나 어머니를 잡아둘 순 없었다. 나를 두고 새 출발을 하라고 권유했다. 며느리라는 이유로 어머니 발목을 잡고 있기엔 어머니는 너무 젊었다. 눈에 띄는 미모의 청상과부였던 어머니에게 관심을 두는 남자도 많았다.

첫 결혼에 대한 기대가 무참히도 깨진 탓일까. 어머니는 남자를 거들떠보지도 않은 채 궂은일도 마다치 않고 돈을 벌었다. 그러나 한 번 기울어진 친가의 가세는 조금도 나아지지 않았다. 내가 세 살 때 광복이 되어 일본군이 자기네 나라로 돌아갔지만 황폐해진 나라 경제가 나아지려면 시간이 필요했다.

어머니는 매일의 삶이 고민이었다. 아들은 계속 자라는데 언제까지나 단칸방에서 시집 식구들과 함께 살아갈 순 없었다. 결국 어머니는 나를 데리고 외가로 들어가기로 했다. 아버지가 돌아가셨을 때부터 외가에서 바라던 일이기도 했다. 나중에 안 일이지만 그때 어머니는 시아버지와 상의도 드리지 않고 나온 거였다. 혹여 나를 두고 혼자 나가라고 할까 봐 겁이 났던 것이다. 하지만 어머니가 미리 상의했더라도 친가에서는 이미 나를 양육할 형편이 아니었기 때문에 어머니 뜻을 막지는 못했을 것이다.

외가에 가니 외할머니는 이미 돌아가시고 외할아버지 혼자 집을 지키고 계셨다. 외할아버지가 나를 봐주는 동안에 어머니는 돈을 벌러 다녔다. 그래도 친정이라 그런지 어머니는 시집 식구들과 지낼 때보다는 훨씬 편안해 보였다. 몇 년 사이에 눈에 띄게 수척해진 어머니를 보면서 외할아버지는 억지로 시집보낸 일이 후회되었던 것 같다.

"내가 너한테 못할 짓을 한 거 같구나. 이럴 줄 알았으면 네가 원하는 대로 일본으로 보내 공부나 시킬걸."

"그런 말씀 마세요. 아버지 잘못이 아닌걸요. 이 모든 일은 제가 겪어야 할 운명이었으니 제게 왔겠지요. 힘든 건 사실이지만 저에겐 귀한 아들이 있잖아요. 그리고 아버지가 제 옆에 계셔서 얼마나 다행인지 모릅니다."

외할아버지, 어머니, 나 그렇게 세 사람은 서로를 의지하며 조금씩 안정을 찾아갔다. 그러다 내가 여덟 살이 되었을 때 한국전쟁이 발발했다. 북한군을 피해 남쪽으로 내려가는 사람들을 따라 우리 세 사람도 집을 나섰다. 하루 종일 걷다가 밤이 되면 빈집이나 남의 집 처마 밑에서 쪼그려 잠을 잤다. 밤이고 낮이고 예고 없이 비행기로 폭격을 하면 우리는 몸을 숨기기에 바빴다. 어머니와 나는 그럴 때마다 서로의 손을 꼭 잡고 놓지 않았다. 어머니 손을 잡고 있으면 금방 안심이 되었다.

몇 날 며칠을 걸어서 우리는 인천에 도착했다. 어머니가 아는 세관장의 도움으로 세관장 가족과 함께 민간 여객선을 타고 부산으로 갔다. 배를 타려는 사람이 많았기 때문에 세관장의 도움이 없었다면 쉽지 않았을 것이다. 백여 명의 사람을 태운 배는 요즘처럼 쾌속정이 아니라서 열흘이 훨씬 지나서야 부산에 도착했다.

우리는 세관장 가족과 함께 여관에서 생활했다. 세관장은 챙겨 온 돈이 넉넉한 편이어서 그런지 먹고 쓰는 것에 그다지 인색하지 않았다. 세관장의 배려 덕분에 우리 세 식구는 고생을 덜할 수 있었다. 그렇지만 언제까지나 세관장에게 신세를 질 순 없었다.

3개월쯤 지나서 우리는 부산에서 자리를 잡은 외삼촌을 찾아갔다. 당시 외삼촌은 피난 통에 양복 재단사 자격증을 따서 큰 양복점에서 일하고 있었다. 우리는 외삼촌이 얻어놓은 방에서 함께 생활했다. 식구들이 모두 모여 살게 되었기 때문인지 외할아버지, 외삼촌, 어머니는 피난 중이긴 했지만 밤늦도록 두런두런 옛날이야기들을 나누며 함께 웃곤 했다. 어머니의 웃는 모습이 어쩌나 화사하고 아름다운지, 어머니가 소녀처럼 소리 내어 웃는 걸 보면 나도 덩달아 기분이 좋아졌다. 나중에 어른이 되면 어머니를 늘 웃게 만들어주어야겠다고 생각했다.

그러나 그런 잔잔한 행복도 오래가진 않았다. 그 무렵 40대였던 외삼촌이 20대 아가씨와 결혼했는데, 우리 세 식구 때문에 두 사람 사이에 자주 분란이 일어났다. 신혼기에 시집 식구들과 지내야 하니 외숙모로선 불만이었던 것이다. 생각다 못해 우리는 외삼촌이 보태준 돈과 어머니 돈을 합쳐 대신동에 방을 하나 얻었다. 다시 세 식구가 된 것이다.

어머니는 부산 검찰청 구내에서 좌판을 펼쳐놓고 담배 장사를 하기 시작했다. 이윤이 많진 않았지만 그 당시 대부분의 남자가 담배를 피웠기 때문에 자본이 적게 드는 장사치고는 꽤 괜찮았다. 그 옆에서 나는 잔심부름을 하며 어머니와 하루 종일 함께 보냈다. 그런 생활을 하다가 서울이 수복되었다는 소식을 들었다.

서울에 집이 있으니 당장이라도 돌아가고 싶었다. 짐을 꾸려 부산을 떠났다. 서울로 들어가려면 한강 다리를 건너야 하는데 전쟁 중에 끊겨서 배를 이용해야만 했다. 그런데 도강증 살 돈이 없어서 일단 어머니 혼자 군인들 눈을 피해 강을 건너갔다 오기로 했다. 며칠만 기다리라며 한밤중에 떠났던 어머니는 열흘 만에 초췌해진 모습으로 나타났다.

그 열흘은 나에게 지옥과도 같은 시간이었다. 태어난 지 얼마 안 되어 아버지를 잃은 나는 누군가가 내 앞에서 영영 사라질 수 있다는 것에 대한 공포심이 있었다. 그래서 늘 '어머니도 갑자기 사라지면 어떻게 하지?' 하는 불안감이 있었다. 어머니가 열흘 동안 돌아오지 않자 어쩌면 영영 못 만나게 될 수도 있다는 생각에 식욕도 잃고 잠도 잘 수 없었다.

그러다 어머니가 나타나자 꿈만 같았다. 어머니에게 달려들어 한참을 품에 안겨 있었다. 어머니 역시 나를 힘껏 껴안아주었다.

잠시 후 어머니는 나를 떼어놓으며 체념한 어투로 말했다.

"아버지, 서울로 들어가는 일이 만만치 않아요. 일단 부산으로 내려갔다가 상황 봐서 다시 오는 게 좋겠어요."

우리는 부산으로 돌아갔다. 어머니는 담배 장사를 다시 시작했다. 과부라고는 하지만 젊고 아름다웠던 어머니는 오가는 남자들의 시선을 끌었다. 개중에는 노골적으로 어머니에게 추파를 던지는 남자들도 있었다. 물론 점잖고 신사적인 사람도 많았다. 그중에 참고인 자격으로 검찰청에 드나들던 남자가 있었다. 큰 맥주 회사 임원으로, 아내와 사별한 남자였다. 검찰청에 올 때마다 어머니에게 들러 담배를 사 갔는데, 어린 내가 보기에도 어머니를 대하는 태도가 각별했다. 다른 손님들과 달리 어머니도 이 남자가 나타나면 얼굴에 홍조를 떠곤 했다.

그러다 마침내 서로 살림을 합치게 되었다. 우리가 그 남자 집으로 들어갔다. 남자는 내 의붓아버지가 되었다. 눈이 휘둥그레질 정도의 큰 집에는 일하는 아주머니도 있었다. 의붓아버지의 차를 모는 운전기사와 일하는 아주머니는 어머니를 '사모님'이라 부르며 깍듯하게 대했다. 어머니의 재혼을 누구보다도 기뻐한 사람은 외할아버지였다. 누가 보더라도 어머니의 재혼은 완벽해 보였다.

나 역시 생활환경이 180도 달라졌다. 가난한 과부의 아들에서 부잣집 외동아들이 된 것이다. 집에서 일하는 사람들이 나를 '도련님'이라고 불렀는데 마치 남의 옷을 빌려 입은 것처럼 어색하고 부담스러웠다. 태어나 한 번도 '아버지'라고 불러본 적이 없다가 어느 날 갑자기 어떤 아저씨를 아버지라고 부르는 건 더 불편했다.

무엇보다도 나에게만 집중되었던 어머니의 관심이 의붓아버지에게 나누어진 탓에 어머니를 빼앗긴 것 같은 상실감이 들었다. 학교 선생님 댁에서 하숙을 하다 일주일에 한 번 집에 가면 아버지는 나를 반겨주며 이것저것 물었지만 나는 늘 퉁명스럽게 대했다. 어머니는 그런 나를 꾸짖을 만도 한데 오히려 나한테 미안해하며 죄인처럼 쩔쩔맸다.

어쨌든 나는 어머니의 재혼 덕분에 풍족한 환경에서 소학교를 마치고 중학생이 될 수 있었다. 삶의 여유 덕분인지 남편의 사랑을 받아서인지 어머니는 조금씩 활기를 찾아갔다. 내가 주지 못한 행복을 의붓아버지가 주고 있다는 생각에 고마우면서도 한편으로는 그래서 더 싫었다.

그러던 어느 날이었다. 주말에 하숙집에서 나와 집에 가보니 어머니가 울고 계셨다. 아버지가 다니던 회사가 부도나서 그 여파가 아버지한테까지 미쳤다는 것이었다. 집은 이미 경매로 넘어간 상태였고, 살림살이에는 빨간딱지들이 붙어 있었다.

집을 비워줘야 해서 우리 세 사람은 가방 하나씩 들고 집을 나왔다. 돌아가신 외할아버지 생각이 났다. 어머니의 불행이 다시 시작되었다는 걸 아시면 얼마나 마음 아파하실까.

아버지는 몸에 밴 생활 습관 때문인지 집이 없어 여관을 전전하는 중에도 일하는 아주머니와 개인 비서를 그대로 두었다. 평소 인심이 좋았던 아버지에게 지인들이 금전적 지원을 해주었기 때문이다. 1년을 그렇게 살다 보니 더는 지인들도 도와주지 않았고, 급기야는 여관비까지 밀리게 되었다. 일하는 아주머니와 비서의 월급도 수개월이나 주지 못했다. 그 즈음 나는 어느새 열일곱 살이 되어 있었다.

아버지는 자신의 처지를 비관하며 점점 거칠어졌다. 당시 사법고시를 공부하고 있던 나한테 걸핏하면 "어린놈이 무슨 법 공부를 하나!"라며 트집을 잡으셨다. 빚을 지면서까지 예전 생활을 유지하려는 두 분을 지켜보자니 안타까웠다. 어머니는 낙심하여 아무것도 하지 않고 그저 아버지 처분만 바라고 있었다. 무기력한 어머니 태도도 답답하기만 했다. 하루는 어머니에게 "월급도 못 주고 있는데 아주머니와 비서는 내보내는 게 좋겠습니다" 했더니 "나도 안다고! 그런데 나더러 어쩌라고!" 하면서 소리치더니 방바닥에 주저앉아 한참을 펑펑 우셨다. 또다시 옛날처럼 고생하면서 살 생각을 하니 막막하셨던 것 같았다.

남은 돈도 거의 없고 더는 빌릴 데도 없는 상황에서 아버지와 어머니는 점점 예민해졌다. 사소한 일로 싸움도 잦아졌다. 하루하루 살아가는 게 가시방석에 앉아 있는 것처럼 불편하고 눈치가 보였다. 내 입이라도 덜어드리자는 생각에 어느 날 밤 몰래 여관방을 빠져나왔다.

여관을 나와 부산 광복동에 있는 고모네로 갔다. 고모부가 작은 방직공장을 하고 있어서 형편은 비교적 넉넉했다. 고모와 함께 살고 있던 친할머니가 나를 보더니 깜짝 놀라며 반기셨다.

"이게 누구냐? 잘 왔다 잘 왔어. 너를 만날 수 없어서 우리 대가 끊기는 줄 알았다. 내가 죽지 않고 살아 있으니까 이렇게 너를 다시 만나는구나."

친가 식구들로부터 기대 이상의 환영을 받으니 잘 찾아갔다는 생각이 들었다. 고모 내외의 지원을 받아 나는 본격적으로 사법고시 공부를 할 수 있었다. 할머니와 고모의 사랑을 한 몸에 받으며 꿈같은 날들을 보냈다. 비록 어머니와 떨어져 살고 있었지만 외로움을 느낄 겨를이 없었다. 고시에 패스해서 어른들을 기쁘게 해줘야겠다는 결심을 매일 밤 했다.

그러나 그런 생활도 오래가지 못했다. 고모 내외의 사이가 나빠지면서 거의 매일 전쟁 같은 부부 싸움을 벌였기 때문이다. 그 과정에서 고모부는 할머니와 나를 부양하고 있는 사실을 약점으로 잡아 고모를 공격하곤 했다. 나의 일거수일투족을 가지고 트집을 잡으면서 점점 나를 천덕꾸러기 취급했다. 자존심이 상했지만 어머니에게 돌아갈 수도 없었고, 그렇다고 마땅히 달리 갈 곳도 없었다. 고모부와의 갈등이 깊어지면서 나는 서서히 삶의 의욕을 잃어갔다.

조금만 자기네 상황이 악화되면 태도를 바꿔 나한테 화풀이하는 어른들 세계에 환멸이 왔다. 어른들에게 변화가 있을 때마다 내 삶이 흔들리는 것도 싫었다. 집다운 집이 나한테는 한 번도 없었다는 사실에 한없이 비참했다. 고모 집을 나가 또 어디로 가야 할지, 어디인들 내 집이라 할 수 있을지 막막했다. 그런 생각을 하다 보니 차라리 죽는 게 낫다는 결론에 이르렀다.

'그래, 차라리 죽자. 미련도 없고 희망도 없는데 살아 무엇하랴.'

죽을 결심으로 약을 먹었다. 그러나 죽지는 못하고 할머니와 고모의 마음만 아프게 만들었다. 고모부는 내가 죽을 생각도 없었으면서 쇼한 거라고 비아냥거렸다. 그런 말까지 듣자니 그 집에서 단 하루도 더 있고 싶지 않았다. 죽더라도 나가서 죽자는 생각에 아무에게도 말하지 않고 집을 나왔다.

원망과 미움을 버려놓고 스님이 되다

고모 집을 나올 때 호주머니에 500원이 전부였다. 당시 평균 여관비가 1000원 할 때였으니 하룻밤 숙박도 할 수 없는 돈이었다. 고모 집을 나오긴 했지만 막상 갈 곳도 없었다. 언젠가 어른들이 대구 인심이 좋다고 한 말이 떠올랐다.

'그래, 대구로 가자. 인심이 좋다니 무슨 방도가 생기겠지.'

기차를 타고 대구에 도착해서 역 주변을 배회하다가 군밤 장사를 보았다. 저거라도 하면 좋겠다 싶어서 밑천이 얼마나 드는지 물었다. 남자는 자기도 돈이 없었기 때문에 몇 번 매혈을 해서 밑천을 마련했다고 했다.

"피를 돈 주고 사는 데가 있나요?"

"병원에는 위급 환자들이 많은데 피가 많이 모자라거든. 300cc를 뽑으면 3000원을 줘."

그 말을 들으니 갑자기 희미하나마 희망이 생겼다. 얼른 인근 병원으로 갔다. 피를 뽑으러 왔다고 하니 의사가 일언지하에 거절했다.

"거울을 좀 보게. 그 몰골로 피까지 뽑으면 당장 쓰러질 거야. 내가 보기엔 자네가 오히려 수혈을 받아야 할 것 같아."

"선생님, 저는 끄떡없습니다. 며칠 잠을 못 자서 그런 거지 건강에는 아무 이상이 없습니다. 제발 피를 뽑아주세요. 그 돈이 있어야 뭐라도 할 수 있습니다. 그래야 제가 살 수 있습니다."

불쌍했는지 의사가 마지못해 100cc를 뽑아주었다. 그리고 3000원을 쥐여주면서 "이 돈으로 고깃국이라도 사 먹어" 했다. 고마워서 눈물이 나오려는 걸 꾹 참고 "감사합니다. 감사합니다" 몇 번이나 고개 숙여 인사했다.

3000원으로 빵을 사다가 길에서 장사를 시작했다. 오래전에 어머니가 좌판에서 담배를 팔던 모습이 생각났다. 세월이 흘러 내가 길에서 빵 장사를 하게 될 줄이야 그때 짐작이나 했겠는가. 빵은 그럭저럭 팔렸다. 그러나 빵 가격이 뻔해서 그날 하루 숙박비와 밥값 내기에도 빠듯했다. 그렇게 하루 벌어 하루 연명하는 식으로 언제까지 살아갈 순 없었다. 그리고 마음 한구석에는 여전히 세상과 어른들에 대한 알수 없는 분노가 남아 있었다. 그런 나 자신이 싫었다.

그렇게 하루하루 어렵게 살아가느니 차라리 스님이 되면 어떨까 하는 생각이 들었다. 어려서 어머니를 따라 절에 가곤 했는데, 스님을 아버지라 부르는 어머니를 보고 스님에게 할아버지라고 불렀던 기억이 났다. 그때 어머니와 나는 얼마나 평안하고 안온했던가.

점차 마음이 평화로워지면서 나도 모르게 미소가 번졌다. 절에 들어가 일생 스님으로 살아도 좋겠다는 마음이 깃들었다. 일단 남아 있는 빵을 서둘러 다 팔았다. 그리고 사람들이 많이 다니는 길목에 서서 스님이 지나가기를 기다렸다.

세 시간쯤 지났을까. 승복을 입은 여자가 저만치에서 보였다. 나는 빠른 걸음으로 달려갔다.

"스님, 저 좀 절에 데려다주세요."

다짜고짜 이렇게 말했다. 그러자 그분이 웃으면서 손사래를 쳤다.

"나는 스님이 아니라 보살입니다."

승복을 입었으니 무조건 스님이라고 생각했던 것이다. 보살은 나를 대구의 동화사로 데려다주었다. 스님이 되고 싶어서 왔다고 하니 양식이 부족해서 당분간 행자를 받을 수 없다고 했다.

1959년, 35년 넘게 일제강점기를 보내고 미군정시대를 거쳐 한국전쟁을 치렀기 때문에 대부분의 사람이 끼니 걱정을 하던 시기였다. 절의 살림도 마찬가지였다. 의식주 해결하기도 빠듯하다 보니 시주 인심이 좋을 리 없었다. 주지 스님께서는 나에게 해인사로 가보라고 했다.

"그래도 여기보다는 나을 걸세."

실망하여 대구 시내로 나와 잘 곳을 찾고 있는데 열 살쯤 되어 보이는 사내아이가 여인숙 호객 행위를 하고 있었다. 나처럼 의지할 데가 없어 손님을 끌어다 주고 그 여인숙에서 숙식을 해결하는 모양이었다. 훨씬 나이가 많은 나도 살아가는 게 막막한데 저 아이는 오죽할까 싶은 마음에 걸음이 떨어지질 않았다.

나도 모르게 이런 말이 나왔다.

"내가 공부시켜줄 테니까 나 따라갈래?"

말이 끝나기가 무섭게 아이는 고개를 끄덕였다. 그날 밤 아이와 여인숙에서 함께 자고 합천행 버스를 탔다. 어렵게 해인사에 도착했지만 동화사처럼 거절당하면 또 어디로 가나 하나 걱정이 앞섰다. 게다가 아이까지 데려왔으니 마음이 무거웠다.

절 마당에서 둘이 두리번거리고 있는 걸 보고 한 스님이 다가왔다.

"누굴 찾으시는지요?"

"스님이 되고 싶어서 찾아왔습니다."

"그 일은 큰스님께서 허락하셔야 합니다."

잠시 후 나는 큰스님 방에 불려 갔다. 나중엔 안 일이지만 당시 큰스님은 몇 년 뒤 대한불교조계종 종단의 제2대 종정을 지낸 이청담 스님이셨다.

스님은 나에게 차를 따라주며 물으셨다.

"뭐 하러 왔는고?"

"스님이 되려고요."

"스님이 뭔 줄 알고? 그걸 알아야 스님으로 만들어줄 수 있다. 공부해야 할 나이에 여기까지 온 데에는 네 나름의 결심한 바가 있지 않겠느냐?"

그런 물음을 받으리라고는 생각하지 못했지만 내가 왜 스님이 되고 싶은지는 나 자신이 가장 잘 알기에 사실대로 말씀드렸다.

"저는 일찍이 혼자되신 어머니와 함께 어렵게 살아오면서 힘이 없으면 사람으로 존중받지 못한다는 걸 알았습니다. 판검사가 되어 저를 무시했던 어른들과 세상에 여봐란듯이 복수하고 싶었습니다. 그런데 그런 마음으로 살아가는 것 자체가 저에게 가장 독이 된다는 생각이 들었습니다. 그래서 저는 차라리 스님이 되어 세상에서 가장 선한 사랑을 실천해야겠다고 결심했습니다. 저는 스님이 되어 영원한 인생을 찾고 싶습니다."

내 말에 큰스님이 인자한 미소를 지으며 말씀하셨다.

"어린놈이 벌써 세상 이치를 다 깨쳤구나. 그 정도면 좋은 중이 되겠다. 여기에 있어라."

"감사합니다. 감사합니다. 그런데 스님…… 제가 대구에서 데려온 아이가 있습니다. 그 아이도 함께 받아주십시오."

"그건 곤란하다. 이곳도 다른 곳과 마찬가지로 양식이 여유가 없는데 그 아이까지 받아주면 어쩌란 말이냐? 지금 형편으론 너 하나 받아주는 것도 벅차다."

"스님, 그렇지만 밖에 있는 저 아이에게 제가 한 약속이 있습니다. 그런데 이제 와서 저만 남고 아이를 돌려보낸다면 저 아이는 상심이 클 것입니다. 저 아이와 함께 있을 수 없다면 저도 돌아가겠습니다."

"허허 녀석, 고집이 세구나. 정 그렇다면 둘이 함께 있도록 해라."

그리하여 아이와 나는 해인사에서 살게 되었다. 작은 방에 가방을 풀고 저녁을 먹은 뒤 밤에 자려고 아이와 나란히 누워 있자니 과연 내가 좋은 스님이 될 수 있을지, 아이를 데려온 건 잘한 일인지 만감이 교차했다. 그러면서도 한편으론 절 밥일망정 끼니 걱정을 하지 않아도 되고 잘 곳이 있으니 그것만으로도 다행이었다. 아이 역시 한밤중까지 호객하지 않아도 되니 긴장이 풀린 것 같았다. 평화로운 얼굴로 단잠을 자고 있는 걸 보니까 데려오길 잘했다는 생각이 들었다.

혹시 마음이 흔들릴까 봐 다음 날 삭발을 하겠다고 했다. 스님들은 정말 괜찮겠냐고 하면서도 내심 대견해하셨다.

규율이 엄격한 절에서의 생활은 짐작 그 이상으로 고행이었다. 반드시 해야만 하는 것과 절대로 하면 안 되는 수칙들을 매일 새롭게 익혀야 했다. 처음 다짐과는 달리 가끔 '나한테 이게 최선일까?' 하는 갈등이 일었다. 그럴 때면 몇 번이나 자문자답을 하면서 스스로 답을 찾고자 했다. 스님이 되든 아니든 약속 때문에 내 의지에 반하는 선택은 하고 싶지 않았다.

주지 스님의 법문을 열심히 듣고 공부했지만 마음에 동요가 일어나면 절을 나와 전국을 떠돌기도 했다. 그러는 사이 어느덧 나는 스무 살이 되었다. 하루는 며칠을 걷다가 김천에 있는 한 포교당을 지나게 되었다. 다리도 아프고 쉴 겸 안으로 들어가니 한 스님이 반갑게 맞아주셨다.

"스님, 무엇을 찾아 그렇게 다니시는지요?"

"수행할 곳을 찾고 있습니다."

"이곳에서 하시지요."

"이곳도 좋지만 사람이 잘 드나들지 않는 깊은 산중에 있는 절을 찾고 있습니다."

"그런 곳이라면 제가 알고 있습니다."

스님은 나를 데리고 김천에서 약 80킬로미터 떨어진 산속의 작은 암자로 안내했다. 수도암이었다. 사방이 울창한 나무들로 둘러싸여 있어서 초저녁인데도 금방 어둑어둑해졌다. 암자는 작고 초라했지만 그곳에서 나오는 에너지가 주변을 아우르고 있는 듯 느껴졌다. 그곳이 마음에 들었다.

수도암에는 스님이 두 분 계셨는데, 절 살림을 맡아보는 원주 스님은 양식을 구하느라 늘 밖으로 다니셨고, 연세 여든의 노스님이 암자를 지키고 계셨다. 노스님은 해인사 주지까지 지내신 적이 있는 법력이 높고 훌륭하신 분이었다. 그곳에 눌러앉아 불도를 깨치기로 했다.

일과 중 가장 중요한 하나는 노스님의 끼니를 챙겨드리는 거였다. 가끔 원주 스님이 맡겨놓은 봉투에서 사탕이나 과자를 밥상 위에 올려놓는 것도 내 일이었다. 노스님은 말씀이 거의 없으셔서 단 한 마디도 주고받지 않는 날들이 태반이었다. 그런데 하루는 스님이 나를 방으로 불렀다.

스님 앞에 무릎을 꿇고 앉았더니 대뜸 스님이 심상한 표정으로 말씀하셨다.

"여기서 이러지 말고 장가나 가."

마치 할아버지가 어린 손자에게 하는 말씀 같았다. 예기치 않은 말씀에 아무 대답도 못 하고 가만히 있자 다시 말씀하셨다.

"나는 스무 살 때 도인이라는 소리를 들었어. 그때엔 결혼하는 대처승도 많았지만 나는 오로지 수행만 했지. 그런데 늙어서 보니 다 별거 아니야."

그 말씀이 있고 며칠 뒤였다. 일어나서 아침 공양을 준비하는데 스님 방에서 항상 들리던 염불 소리가 들리지 않았다. 이상한 예감에 문을 열어보니 스님이 이부자리에 반듯하게 누워 계셨다. 직감적으로 열반에 드셨다는 걸 알았다.

한때는 해인사 주지로 계시기도 했지만 다비식은 평소 스님이 원하신 대로 조용하고 검소하게 치렀다. 식이 끝난 후 스님 방을 정리하다 보니 스님 물건이라곤 낡은 신발 한 켤레와 옷 두 벌이 전부였다. 나도 모르게 코끝이 찡했다. 썰렁한 방 한쪽 구석에 웬 자루와 편지가 있었다. 자루 안을 들여다보니 사탕과 과자가 잔뜩 들어 있었다. 편지는 나에게 쓴 거였다.

> 내가 이걸 모은 이유는 자네에게 주기 위해서였네.
> 자네는 나를 위해 매일 밥을 챙겨주고 시중을 들어주었는데
> 그런 자네에게 나는 줄 것이 아무것도 없네.
> 죽으면서 뭐라도 주고 싶은데 이것밖에는 없군.
> 이걸 먹으면서 내 뒷수습을 해주게.

스님의 편지를 읽고 또 읽었다. 하염없이 눈물이 나왔다. 세상에 대한 원망과 미움을 가득 품은 채 스님이 되겠다고 하고선, 부처님 말씀 하나 마음에 새기지 못하고 있던 나였다. 그런데 스님은 가시는 마지막 순간까지 무아로서의 삶을 사셨다. 나중에 생각해보니 나에게 장가를 가라고 한 건 삶의 진리라는 게 반드시 절에만 있는 게 아니라는 뜻이었다. 내가 절에서의 삶을 마음속으로 온전히 받아들이지 못하고

있다는 걸 아셨던 것이다. 그런 채 스님이 되느니 장가를 가라는 말씀
이셨다.

'마지막 순간까지 스님처럼 몸으로 실천하며 살아갈 수 없다면 스님
이 된다는 게 무슨 의미가 있겠는가. 스님이 되려거든 최고의 스님이
되자.'

그 일을 계기로 나는 젊은 날의 방황을 끝낼 수 있었다. 그때부터
내 안에는 부처가 되고 싶은 마음뿐이었다.

그로부터 5년의 행자 기간을 거쳐 낙산사에서 정식으로 계를 받은
끝에 나는 스님이 되었다. 외가와 친가 중 내가 스님이 되었다는 사실
을 안 이는 없었다.

그로부터 몇 년 뒤 낙산사에서 포교하고 있을 때였다. 관광을 온
고모와 우연히 마주쳤다. 고모는 내가 스님이 되었다는 걸 그때 처음
알고 많이 놀랐다. 포교를 마치고 불국사로 가게 되었는데 나중에 낙
산사로 어머니가 찾아왔었다는 이야기를 전해 들었다. 남겨놓은 연락
처를 통해 십수 년 만에 어머니를 만났다.

그사이 어머니와 의붓아버지는 아이들도 낳았다. 쉰이 다 된 어머니
는 많이 늙어 있었다. 내가 집을 나온 이후에도 형편은 전혀 나아지지
않았는지 식구들의 행색이 모두 초라했다. 나한테 도움을 청하러 왔다
는 걸 금방 알아차렸다.

십여 년의 시간이 흐를 동안 계속 고생을 해왔다고 생각하니 어머
니 인생이 한없이 가여웠다. 스님들의 생활이 얼마나 검소하고 청빈한
지 독실한 불교 신자였던 어머니가 모를 리 없었다. 그런데도 식구들

을 데리고 나를 찾아왔을 때는 그만큼 곤궁해서였다. 당장 숙식을 해결하기 위해 의사에게 매혈을 하게 해달라고 졸랐던 일이 떠올랐다. 어머니는 그때의 나보다 더 절실해 보였다.

얼마 되지 않았지만 수중에 있던 돈을 어머니에게 쥐어드렸다. 그날부터 어머니가 돌아가시기까지 삼십여 년간 어머니와 가족을 부양했다. 돈이 없을 땐 빚을 내서 드리기도 했고, 강연 요청이 있으면 전국 어디든 다녔다. 어머니는 돈이 필요할 때마다 동생들을 나에게 보냈다. 세월이 흘러 전화 사용이 용이해지고 은행을 통한 송금이 쉬워지면서부터는 전화로 하소연할 때마다 송금을 해드렸다. 배다른 동생들이 성인이 되어 취업하면 내 짐이 덜어질 거라고 기대했지만 상황은 나아지지 않았다.

사형수 교화와 관련하여 유명세를 타면서 강연 수입이 늘었지만 걸핏하면 어머니한테 큰돈 들어갈 일이 생겼다. 어머니뿐 아니라 의붓아버지와 이복형제들까지 모두 나에게만 기대는 세월이 계속되자 나는 점점 지쳐갔다. 세속과의 인연을 끊고 살기 위해 스님이 되었는데 오히려 세속의 인연이 내 발목을 친친 감고 있었다. 그런 나를 보며 친한 스님들은 어머니와의 인연을 끊으라고 조언했지만 차마 그럴 수는 없었다. 그것마저도 내가 짊어지고 가야 할 업보라면 나에게 주어진 책무를 수행해내고 싶었다.

어머니는 노년에 중풍으로 쓰러져 병상에 계시다가 2005년에 여든의 나이에 돌아가셨다. 그제야 나도 식구들로부터 헤어날 수 있었다. 가끔 어머니 생각을 한다. 자신감이 넘치던 한 여학생이 어떻게 웃음을 잃어갔는지를, 그녀의 꿈이 어떻게 흩어져갔는지를.

숨을 거두기 직전에 어머니는 마지막으로 말씀하셨다.

"저기 들꽃이 나를 부르네. 이제는 가야겠어."

전과자와 재소자, 낙인된 죄인들

"저런 사건을 예방하려면 지금이라도 당장 사형을 집행해야 한다니까! 사형수들을 살려두니까 저런 잔인한 범죄들이 줄지 않는 거야!"

흉악 범죄가 발생할 때마다 사람들이 하는 말이다. 사람들 사이에서는 사형수들은 동정할 가치가 없다는 여론이 힘을 얻는다. 대한민국에서 마지막으로 사형이 집행된 건 1997년 12월 30일이다. 그 후 현재까지 사형이 집행되지 않고 있다. 분명한 건 언제라도 다시 사형이 집행될 수 있다는 것이다.

1948년에 대한민국 정부가 수립된 이후 사형이 집행된 사형수는 모두 898명이다. 물론 사형 집행이 사람들에게 경각심을 주어서 살인과 같은 강력 범죄가 줄어드는 효과가 있다고는 하지만, 사형 제도는 국가나 조직이 저지르는 또 다른 유형의 살인이 아닐 수 없다. 드물긴 하지만 누명이나 고문에 의해 억울하게 판결을 받고 사형이 집행되었다가 나중에 오판으로 드러나는 경우도 있었다. 억울하게 사형당하는 사람이 단 한 명이라도 있으면 안 되고, 사형 제도라는 미명하에 국가 차원의 살인을 해서는 안 된다는 생각에서 나는 사형 제도가 폐지되기를 바란다.

사형 제도 존속 논란은 대부분의 국가에서 이미 겪었거나 계속되고 있는 문제이다. 세계 많은 국가에서 사형 제도를 폐지했지만 몇몇 국가들은 아직도 사형 제도를 유지하고 있다. 대표적인 국가가 가나, 일본, 중국, 미국이다. 단, 미국은 연방국가라 주마다 다르다. 어쨌든 사형이 확정되어 사형수가 되면 그 사람은 죽을 때까지 '죽어야 하는 사람' 또는 '죽을죄를 지은 사람'으로 낙인찍힌 채 살게 된다.

오래전부터 내 이름 앞에는 '사형수들의 대부'라는 수식이 따랐다. 40년 넘게 사형수들의 인권과 교화에 힘써왔다는 걸 모두 알고 있기 때문이다. 교도소에 처음 발을 들여놓게 된 건 1967년이었다. 나는 당시 대구 보현사에서 포교사로 있었는데, '부처님 오신 날'을 맞아 대구 교도소로부터 법문을 해달라는 요청이 왔다. 의미 있는 일이겠다 싶어서 그러겠다고 했다.

행사는 교도소 운동장에서 치러졌다. 머리를 빡빡 깎은 천여 명의 재소자들이 일제히 찬불가를 불러대는 모습이 대단히 인상적이었다. 그동안 셀 수 없이 여러 번 찬불가를 들어왔지만 그날처럼 신선한 전율이 느껴진 건 처음이었다. 천여 명의 재소자 중에는 가벼운 죄를 지은 사람도 있겠지만 살인을 한 사람도 있을 테고, 억울하게 누명을 쓰고 들어온 사람도 있을 터였다. 그런 사람들이 한마음으로 여러 번 연습한 끝에 아름다운 하모니를 만들어내고 있었다. 법문을 시작하기 전부터 내 마음은 그들에게 활짝 열리고 있었다.

내 시간이 되어 단상 앞에 섰다. 천여 명의 재소자들이 무표정한 얼굴로 나를 주시했다. 재소자들 중에 불교 신자가 얼마나 될까 싶었다. 법문을 하러 왔다고는 하지만 부처님 말씀이 사람들 귀에 들어갈 리 없었다. '스님, 뻔한 이야기 빨리 시작하시죠' 하고 말하는 것 같은 표정이었다. 보란 듯이 하품을 해대는 사람도 있었다. 순간, 재소자들의 마음을 열지 않으면 공허한 법문만 하다 가겠다는 판단이 들었다. 그들과의 거리를 좁힐 수 있는 이야기가 필요했다.

"안녕하세요. 오늘 여러분이 불러주신 찬불가는 제가 지금까지 들었던 찬불가 중 최고였습니다. 노래를 들으면서 여러분을 보고 있자니 여러분과 제가 닮은 점이 참 많다는 사실을 발견했습니다."

재소자들 사이에서 웅성거리는 소리가 들렸다. 죄수들과 스님이 닮은 점이 있다니 모두 의아하다는 얼굴이었다. 나는 말을 이었다.

"첫째, 빡빡 깎은 머리가 닮았습니다."

이 말이 끝나자 재소자들이 일제히 큰 소리로 웃어댔다. 무표정으로 굳어 있던 그들의 얼굴이 한결 부드러워졌다. 계속 말을 이어갔다.

"둘째, 위아래 모두 칙칙한 색깔의 옷을 입었다는 게 닮았습니다. 셋째, 여러분과 제가 모두 고무신을 신고 있다는 게 닮았습니다. 넷째, 여러분과 저는 사람이라는 점이 닮았습니다. 그러나 여러분과 저는 다른 점도 있습니다. 여러분은 순간의 실수로 죄수가 되어 갇혀 있고, 저는 자유인입니다. 여러분은 실정법을 어겨서 체형體刑을 받으면서 살고 있지만, 자유인인 저도 사실은 죄를 짓고 삽니다. 다만 실정법에 걸리지 않았거나 들키지 않았을 뿐이지요. 불경과 성경에서는 마음으로 짓는 죄도 죄라는 말이 있는데 그렇게 치면 저는 엄청난 죄인입니다."

그 순간 의자에 앉아 있던 재소자들의 반 이상이 일어나 박수를 쳤다. 그들의 마음이 비로소 활짝 열린 것이다. 내 이야기를 받아들일 준비가 된 재소자들은 그날 내가 이야기하는 내내 한 명도 한눈을 팔지 않았다. 그날 일은 재소자들뿐 아니라 나 자신에게도 힘이 되는 시간이었다.

서대문형무소 담장 뒤에서 태어난 나로선 마치 오래전 고향 땅을 밟고 온 것처럼 재소자들의 찬불가 소리와 박수 소리가 자꾸 귀에서 맴돌았다. 그들을 위해 지속적으로 할 수 있는 일이 있으면 좋겠다는 생각을 했다.

그날 일이 전국의 교도소에 화제가 되면서 법문을 요청하는 곳이 많아졌다. 마다할 이유가 없었기에 어디든 찾아갔다. 사실 처음엔 스님으로서 재소자와 사형수 들에게 부처님 말씀을 전하여 죄를 참회하도록 해야겠다는 생각이었다. 그러나 그들을 만나는 횟수가 많아질수록 오히려 내가 재소자들에게서 삶과 죽음을 배우게 되었다. 특히 사형수들을 만나 그들의 사연을 접하게 되면서 그들 하나하나가 모두 다 측은하고 안타깝게 느껴졌다. 무엇보다도 마음이 아픈 건 자신이 지은 죄의 가장 큰 피해자는 자기 자신이라는 걸 깨닫지 못한 채 사는 사형수들이 적지 않다는 것이었다.

교도소라는 곳은 자기가 누군지, 그동안 자기가 어떻게 살아왔는지를 확인할 수 있는 현장이다. 불경에는 이런 말이 있다. 현재 일어나고 있는 일들의 이유가 궁금하면 지나온 과거를 돌아보고, 미래의 자신이 궁금하면 현재의 자신을 보라고. 그래서 재소자들에게는 교도소에서의 시간이 중요하다. 그 안에서 자기 행위를 돌아보고 참회하는 사람은 그곳을 나왔을 때 정상적으로 사회에 복귀할 수 있지만 그러지 못한 사람은 재범할 확률이 높다.

사형수의 경우는 더욱 그렇다. 언제 죽을지 모른다는 공포 때문에 정서적으로 늘 불안에 휩싸여 있다. 교도관의 발걸음 소리가 자기 방 앞에서 멈추기만 해도 '사형 집행하러 왔나?' 하면서 가슴이 철렁 내려앉게 된다. 그런 식으로 하루에 수십 번씩 마음을 졸인다. 그래서 간혹 사형수들 중에는 심리적 압박감을 견디지 못하고 차라리 당장 사형을 집행해달라고 요구하는 사람들도 있다.

보편적인 삶과 단절된 채 갇혀 지내는 이들을 상대로 온전히 자기를 내려놓고 죽음에 대비하게 하는 것은 말처럼 쉬운 일이 아니다. 여러 번 만나 대화하고 그들의 이야기에 귀 기울여주고, 그들의 고민이나 소망이 이루어지도록 노력해줄 때 비로소 그들도 내가 하려는 이야기에 귀를 기울인다.

40년 넘게 사형수들을 만나 함께 울고 고민하고 아파하면서 여기까지 왔다. 우리 절에는 전과자들이 수시로 찾아온다. 개중에는 돈을 얻으러 오는 사람도 있고 나를 돈벌이에 이용하려는 사람도 있지만, 나와의 인연을 소중하게 여겨 인사차 오는 사람들이 훨씬 많다. 그들이 형기를 마치고 나를 찾아와 큰절을 올리며 "스님, 앞으로는 죄짓지 않고 살겠습니다" 할 때는 나 역시 고마워서 큰절을 올리고 싶은 심정이다. 더러는 또 죄를 지어 교도소에 다시 가기도 하지만 나를 만난 이후 많은 사람이 새 삶을 살아가고 있다.

죄를 지은 사람들에 대한 편견과 낙인이야말로 나쁜 것이다. 오래전, 이들과의 교류를 걱정하며 관계를 끊으라고 계속 설득하던 신도회 회장이 있었다.

"스님, 교도소 출신자들이 절에 계속 들락거리면 절 이미지만 나빠집니다. 지금도 신도들이 뒤에서 얼마나 수군거리는지 모릅니다. 저들을 절에 오지 못하게 하세요."

내가 수용하지 않자 그분과의 갈등이 점차 커졌다. 나로선 결단을 내려야만 했다. 그때 그분에게 이렇게 말했다.

"저는 회장님의 뜻을 따를 수 없습니다. 죄를 짓고 교도소에 다녀왔다고 그들을 여전히 죄인 취급하는 건 회장님과 같은 분들의 편견 때문입니다. 살다 보면 누구든 죄를 지을 수 있습니다. 인간은 한없이 약하고 불완전한 존재이기 때문입니다. 그들이 처벌을 받고 나왔다면 다른 신자들과 다를 바가 없습니다. 누구라도 이런 생각을 갖는 게 마땅한데 하물며 중인 제가 편견을 갖고 차별할 수는 없습니다. 어려운 사람들의 눈물을 닦아주라는 것이 부처님의 가르침입니다. 저는 상대가 전과자이건 사형수이건 그들이 눈물 흘릴 때 가장 먼저 눈물을 닦아주는 사람이 되어줄 것입니다. 계속 같은 요구를 저에게 하실 거라면 회장님이 이곳을 떠나시는 게 좋겠습니다."

결국 그분은 절을 떠났다. 하지만 스님을 비롯하여 종파를 막론하고 모든 성직자는 편견과 차별 없이 사람을 대해야 한다. 그리고 끊임

없이 손을 내밀어줄 줄 알아야 한다. 교도소 재소자 교화 활동을 해오면서 여러 사형수를 만났고 그들의 변화를 통해 내 삶이 더 귀해지는 경험을 매번 한다. 사형수와의 만남은 늘 나에게 보람과 용기를 준다.

구치소 안에서 매일 그림을 그리는 이규상 씨는 세계적으로도 유례를 찾아보기 힘든 사형수이다. 현재 40대 후반인 그는 30대 초반에 사형이 확정되어 구치소 생활을 시작했다.

11년 전 서울구치소 내의 교화실에서 처음 만난 날, 그가 조심스럽게 내 앞에 무언가를 내밀었다.

"스님을 처음 뵙는데 제가 드릴 게 아무것도 없어서 이거라도 만들어보았습니다."

자세히 들여다보니 쓰다 남은 비누로 만든 작은 돼지 조각이었다. 크기는 작았지만 정교함이 보통이 아니었다. 원래부터 미술이나 조각에 재능이 있었는지 물었다. 중학교 학력이 전부인 그는 교도소에 들어오기 전까지 미술에는 관심조차 가져본 적이 없다고 했다. 그는 내 칭찬에 얼굴이 발개지면서 부끄러워했다.

"이 정도는 누구나 할 수 있는 수준인걸요. 저 듣기 좋으라고 하시는 말씀인 거 알지만 그래도 오랜만에 칭찬을 들으니까 기분이 정말 좋습니다."

그 후 정기적으로 그를 찾아가 만났다. 몇 번 만나다 보니 그에게 남다른 손재주와 미술적 감각이 있다는 사실을 알게 되었다. 화가 이인자 교수님에게 그를 지도해줄 수 있는지 물었더니 다행히도 흔쾌히 승낙해주셨다. 그림을 그려본 적이 전혀 없는 이규상 씨는 2004년부터

한 달에 한 번씩 이 교수님으로부터 그림 지도를 받았다.

어느 정도 기초를 배운 뒤 이 교수님은 그에게 계란 그림을 숙제로 내주었다. 계란은 교도소 안에서 쉽게 구할 수 있는 재료인 데다가, 미묘한 광선의 변화를 관찰하고 표현하는 데는 안성맞춤이었기 때문이다. 이규상 씨는 매일 자기 방에서 계란을 그렸다. 수년 동안 계란만 그렸다. 매일 자기 방에서 계란을 그리는 일이 일상이 되어버렸다. 그의 그림은 점점 완성도가 높아갔다. 그림을 가르쳐준 이 교수님마저도 그의 그림을 보고 감탄할 정도였다.

그는 자신이 그린 그림들을 매번 교화실로 가지고 와서 내게 보여주었다. 이건 언제 그린 거고, 저건 언제 그린 거고, 이걸 그릴 때는 무슨 생각을 했고, 저걸 그릴 때는 어떤 깨달음이 왔었고 하면서 신이 나서 설명했다. 그럴 때 그가 어쩌나 행복해 보이던지 그 순간만큼은 누가 보더라도 사형수가 아니었다. 교도관들도 그가 그림을 배운 뒤로 얼굴이 밝아지고 수형 생활도 더 잘하고 있다면서 칭찬했다.

그가 그림을 배우기 시작한 지 8년쯤 되었을 때였다. 2012년 가을에 제41회 교정矯正 작품 전시회가 열린다는 소식을 들었다. 재소자와 교정직 종사자 들에 한해서 출품이 가능하지만, 그나마도 현실적인 여건이 마땅치 않아 주로 교정직 종사자들의 작품들로 이루어졌다. 출품 장르는 가구, 목공예, 도자기, 서양화, 동양화, 한국화 등이었다.

이 교수님과 나는 이규상 씨에게 그림을 출품해볼 것을 권했다. 그는 아직 그럴 만한 실력이 안 된다면서 펄쩍 뛰었지만, 경험 삼아 출품해보라는 우리 말에 계란 100개를 그린 그림을 〈일상〉이라는 제목으로 출품했다.

서예를 포함하여 총 548점이 출품되었다. 그 가운데서 이규상 씨의 그림이 대상을 받았다. 지난 40회 동안 사형수가 작품을 출품한 일도 없었거니와 대상을 받았다는 건 그 자체만으로도 기적이었다. 더욱이 수감 전까지 그림을 전혀 배운 적이 없는 사람이 구치소 교화 과정에서 그림을 배워 대상을 받았다는 건 세계적으로도 드문 케이스였다.

심사위원들은 "그림 〈일상〉은 연필을 이용해 둥근 알을 정갈한 필력으로 표현한 작품으로, 반복된 이미지를 이용해 부화를 기다리는 듯한 모습을 상징적으로 보여준다. 주제를 독창적으로 잘 표현한 작품으로 여겨진다"라고 평가했다. 그의 수상 소식을 듣고 기자들은 내게 교화를 맡았던 스님으로서 감회가 어떤지를 물었다.

나는 이렇게 대답했다.

"1967년부터 재소자들 교화 활동에 나선 이래 오늘이 가장 행복한 날입니다."

죽을 날만 기다리며 시간을 보내고 있던 사형수에게 좋아하고 잘할 수 있는 일을 찾아준 것만 해도 보람이었는데 그가 상까지 받았으니 이규상 씨만큼이나 나에게도 신나는 일이었다.

그 이후 구치소에서 이규상 씨를 다시 만났다. 그는 특유의 소년 같은 얼굴로 환하게 웃으면서 나를 반기더니 큰절을 올렸다.

"이게 다 스님 덕분입니다. 언제 사형이 집행될지 몰라 하루하루가 지옥 같았던 저에게 스님은 새 생명을 주셨습니다. 이제 죽는 것이 두렵지 않습니다. 저는 죽어도 제 그림이 남아 또 다른 저로 살아갈 수 있기 때문입니다."

그림을 배우면서 달라진 건 삶과 죽음을 받아들이는 자세뿐이 아니었다. 세상을 바라보는 시선이 달라지면서 사람들에게 너그러워졌다. 자신의 그림을 인정해주고 나아가 자신의 재능을 부러워하는 사람들을 보면서 세상에서 더 가치 있는 존재가 되고 싶어 했다. 영치금을 아껴 모은 300만 원을 불우 이웃 돕기에 내놓은 일 외에도 여러 번 돈을 모아 기부했다. 그럴 때마다 그는 진심으로 행복해했다.

이규상 씨를 비롯하여 그동안 여러 사형수가 교화 과정을 통해 진심 어린 참회와 반성의 기회를 가졌다. 어떤 사형수는 사면을 받고 사회에 나가 모범적으로 살아갔고, 어떤 사형수는 무기징역으로 감형을 받았다. 그리고 어떤 사형수는 사형 집행 직전 그동안 모은 전 재산을 소외된 지역의 아이들에게 주고 가기도 했다.

물론 교화를 통해 모든 재소자나 사형수가 이렇게 변한다는 건 아니다. 그러나 애정 어린 관심을 갖고 끝까지 믿어주면 많은 사람이 거기에 화답해주었다. 그리고 자신보다 어려운 사람들을 위해 손을 내밀어주었다.

재소자 교화는 거창한 데에 의의가 있지 않다. 다만 사람들은 함께 도우며 살아가야 한다는 것이다. 그리고 분명한 건 죄를 지은 사람일지라도 그들의 인권 역시 우리와 똑같이 소중하다는 사실이다.

지금까지 수많은 재소자와 여러 사형수가 교화 과정을 통해 새로운 삶을 찾았다. 그런 기적 같은 일들은 나 혼자서는 결코 할 수 없었다. 전국의 교정직 종사자들의 협조와 배려, 법조계와 검찰계 요직에 있던 분들의 편견 없는 마음, 여론을 환기시킴으로써 중요 사안들을 재빠르게 전달하고 처리할 수 있게 해준 언론사 기자들이 있었기 때문이다. 또한 재소자들에게 손가락질하는 대신 묵묵히 지켜보며 그들이 새로운 사람으로 거듭날 때마다 아낌없는 지지와 박수를 보내준 대중들이 있었기 때문이다. 그래서 나는 재소자 교화에 일생을 바칠 수 있었고, '사형수들의 대부'와 '재소자들의 친구'인 삼중으로 살 수 있었다.

일본에서 안중근을 만나다

"그 사형수는 그래서 결국 사형이 집행되었나요?"

"○○○가 한때 세상을 떠들썩하게 만들었던 ○○○ 살인 사건의 범인인데 스님을 만나 독실한 불교 신자가 되었다는 게 맞습니까?"

다양한 매체들과 지금까지 셀 수도 없을 만큼 많은 인터뷰를 해왔다. 대부분은 이처럼 사형수들의 드라마틱한 비화에 관심을 가졌다. 그런데 몇 년 전부터 질문 주제들이 바뀌고 있다.

"지난 30년간 안중근 의사의 흔적을 찾아다니며 많은 자료를 수집해오신 것으로 아는데 어떤 계기로 그 일을 시작하셨습니까?"

방송국 PD나 신문사 기자 들은 안중근 의사에 대한 새로운 소식이 전해지거나 궁금한 사안이 있으면 나한테 와서 확인한다. 그만큼 내가 안중근 관련 정보를 많이 알고 있다고 생각한다.

내가 안중근 의사에게 처음 관심을 갖게 된 건 1984년, 일본 동북 지역 센다이仙臺에서 열리는 '전국 교도소 재소자 교화 전국 대회'에 초

청되면서였다. 나를 비롯하여 한국의 교화위원들이 함께 참석했다. 세미나 기간에 일본 절들을 둘러볼 계획으로 근처에 절이 있는지 알아보았다. 마침 센다이에 다이린지大林寺라는 전통 사찰이 있는데, 일대에서는 꽤 유명해 일부러 찾아오는 사람들도 적지 않다고 했다. 속으로 '옳다구나' 했다.

통역 겸 가이드를 동반하고 다이린지에 갔더니 생각보다 규모가 작았다. 외관이며 전체적인 분위기가 일본 전통 사찰 그대로였다. 대웅전으로 들어서는데 뜰 앞에 서 있는 큰 비석이 눈에 들어왔다. 절의 규모와는 어울리지 않게 높이가 사람 신장의 1.5배는 넘어 보였다. 비석에 새겨져 있는 글자를 보았다.

위국헌신군인본분爲國獻身軍人本分

'나라를 위하여 몸을 바치는 것은 군인의 본분이다'라는 뜻을 가진 문장이 세로로 길게 쓰여 있었다. 그 좌측에 작은 글씨로 희미한 글자가 보였다. 그리고 낯익은 단지斷指 손도장! 거기엔 이렇게 적혀 있었다.

대한국인 안중근

일본 대도시에서 멀리 떨어진 작은 사찰에서 안중근이란 이름을 만나다니! 나도 모르게 온몸에 전율이 느껴졌다. 통역 가이드에게 비석의 정체가 뭐냐고 물으니 안중근 유묵비라고 했다. 그 말에 또다시 놀랐다.

한국에는 절이 2만 개가 넘게 있지만 안중근 유묵비가 세워진 곳은 단 한 곳도 없다. 그런데 일본의 전쟁 영웅 이토 히로부미를 저격한 안중근의 유묵비가 일본 시골 마을에 집채만 한 크기로 세워져 있다니 그야말로 뭐에 홀린 기분이었다.

가이드에게 재차 물었다.

"이 비석이 정말 안중근 유묵비입니까?"

그가 빙그레 웃으면서 말했다.

"스님, 여기 비석 아래에 새긴 글은 센다이 현의 지사가 직접 썼습니다. 그만큼 센다이 현과 이 절은 안중근 의사와 깊은 인연이 있는 곳입니다. 여기엔 이 비석만 있는 게 아닙니다."

가이드의 말을 듣자 점점 더 궁금해졌다. 그는 주지 스님인 사이토 다이켄佐藤泰彦을 만나면 모든 걸 알게 될 거라고 했다.

가이드로부터 내 소개를 들은 주지 스님이 환대해주었다. 그의 방에 마주 앉았다. 보통 때 같으면 의례적인 이야기들과 함께 서로 다른 두 나라의 절 사정에 관해 주고받을 법하지만 나는 마음이 급했다.

거두절미하고 물었다.

"어떻게 한국을 대표하는 애국지사의 유묵비가 일본 절에 세워져 있는 건가요? 제가 알기로 일본 사람들 중에는 안 의사를 두고 이토 히로부미를 죽인 테러리스트로 보는 사람이 많다고 하던데요?"

"그렇게 생각하는 일본인이 많지요. 어쨌든 일본의 영웅을 죽인 사람이니까요. 그렇지만 안중근을 추모하는 일본인들도 곳곳에 있습니다. 여기 센다이와 이 절 다이린지는 그중에서도 대표적인 곳이지요. 스님, 제 설명을 듣기 전에 먼저 보셔야 할 것이 있습니다."

주지 스님을 따라 작은 사당 안으로 들어갔다. 그곳엔 많은 위패가 모셔져 있었다. 스님은 나를 어느 위패 앞으로 안내했다. 거기엔 안 의사의 위패와 사진이 모셔져 있었고, 향로에서는 향이 타고 있었다.

"이렇게 매일 향을 피워 안 의사의 명복을 빌고 있습니다."

"어떻게 이런 일이……. 안 의사 옆에 있는 저 사진의 주인공은 누구입니까? 안 의사와 무슨 관계이기에 위패가 나란히 놓여 있는지요?"

"그분이 바로 지바 도시치千葉十七입니다. 안중근 의사 생전에 일본군 헌병이었지요. 그는 안 의사에 대한 존경과 숭모의 마음으로 매일 이곳에 와서 기도했습니다."

"일제강점기에 일본군 헌병이었다면 애국지사 안 의사와는 더더욱 적대적 관계였을 텐데 죽을 때까지 안 의사를 숭모했다니 놀랍고 믿어지지 않습니다. 두 사람 사이에 무슨 일이 있었던 겁니까?"

"두 분 사이엔 특별한 사연이 있습니다. 그야말로 드라마나 영화 같은 이야기지요."

자리를 옮겨 주지 스님은 긴 이야기를 마치 어제 있었던 일처럼 들려주었다.

1909년 10월 26일, 이토 히로부미는 하얼빈 역에서 안 의사의 총에 맞아 사망했다. 안 의사는 그 자리에서 체포되었다. 이 사건은 한국과 중국뿐 아니라 전 세계의 이목을 끌었다.

당시 일본은 1905년 있었던 러일전쟁에서 승리해 중국 정부의 용인 아래 뤼순과 다롄大連의 영토권과 난만저우南滿洲 철도권을 가지고 있었다. 그 무렵 일본이 한국과 러시아, 중국 등과의 관계에서 장악력을 갖고 식민 통치를 공고히 하기 위해 설립한 곳이 관동도독부였다. 관동도독부는 그 일대의 군사, 행정, 사법의 권한을 총괄하고 있었다.

그만큼 각 나라의 저항 세력들도 많아서 그들을 탄압, 감금하기 위해 뤼순에 감옥을 두고 있었다. 현장에서 붙잡힌 안 의사 역시 뤼순 형무소로 가야 했다. 그때 안 의사를 하얼빈에서 뤼순까지 호송한 사람이 지바 도시치 헌병이었다.

그는 뤼순에 있던 관동도독부 지방법원 소속 헌병으로 안 의사가 뤼순 형무소에 수감될 때 형무소에 파견되어 안 의사의 간수 역할을 하면서 재판을 받으러 다닐 때에도 호송, 호위하는 임무를 맡았다. 사형이 언도된 후 안 의사는 지바에게 우정의 표시로 비단 천에 붓으로 '위국헌신군인본분'을 써주었다. 지바는 안중근의 사형이 집행된 뒤 전역하여 센다이에 정착했다.

그 후 집과 가장 가까운 거리에 있던 다이린지에 안 의사의 위패를 모셔놓고 매일 찾아가 추모하다가 1934년에 사망했다. 그는 유언으로 안 의사의 위패 옆에 자신의 위패도 함께 모시고, '위국헌신군인본분'이라고 쓰여 있는 비단 천은 가보로 잘 보관하라는 유언을 남겼다.

지바의 아내는 그의 유언대로 매일 안 의사의 위패를 찾아 기도를 드렸고, 남편의 유지를 받들어 죽기 전 자신의 양녀에게 안중근 의사를 잘 모시라는 유언을 남겼다. 그렇게 해서 다이린지에서는 매일 안중근과 지바를 위한 향이 피워질 수 있었다.

두 사람의 사연이 알려지면서 지바의 고향인 구리야마栗山 군 재일 한국거류민단에서 이들의 우정을 기념하고 널리 알리기 위해 1981년 3월 26일에 유묵비를 건립했다. 3월 26일은 안 의사가 뤼순 형무소에서 사형을 당한 날이다.

주지 스님으로부터 이야기를 들은 후에 궁금증은 오히려 더 커졌다. 일본 헌병이 자기 나라의 영웅을 살해한 사람에게 품었을 증오심을 버리고 이토록 추앙하게 되기까지 뤼순에서 함께 보낸 오 개월여의 시간들이 궁금해졌다. 그리고 안중근이 도대체 어떤 사람이기에 상대로 하여금 이런 마음을 품게 할 수 있었을까 호기심이 일었다.

그때까지 내가 안 의사에 대해 알고 있는 건 '일본의 전쟁 영웅 이토 히로부미를 저격한 한국의 애국지사' 정도였다. 그런데 지바 도시치라는 일본 헌병의 일생에 미친 영향을 눈으로 직접 보면서 안중근이란 인간 자체에 대해 자세히 알고 싶어졌다. 승려인 내가 독실한 가톨릭 신자였던 도마(토마스) 안중근의 흔적을 쫓아 30년 세월을 보내게 되는 그 시작이 열리는 순간이었다.

이로로 의심되는 남자 주변의
네 사람에게 각각 한 방씩 총을
쏘았다. 그러나 그들 모두 무죄한
사람일 수 있다는 생각에 총을
쏘는 손이 흔들렸다. 그러는 사이에
순식간에 헌병들이 달려들었다.
나는 하늘을 향해 큰 소리로 외쳤다.
"코레아 우라(대한민국 만세)!
코레아 우라! 코레아 우라!"

제2장
나는 군인 안중근이다

의거 전 기념사진
———
1909년 10월 23일, 의거 3일 전에 사진관에서 촬영했다.
(왼쪽부터)안중근, 우덕순, 유동하.
©안중근의사기념관

단지 혈서 엽서

동의단지회를 결성하며 쓴 혈서.
후에 엽서로 만들었다.
ⓒ안중근의사기념관

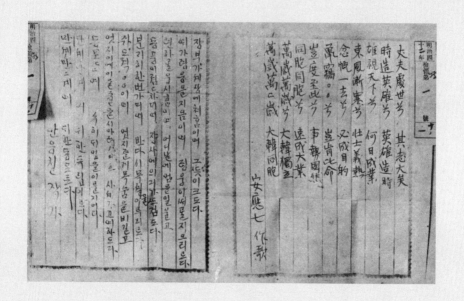

丈夫處世兮 其志大矣
時造英雄兮 英雄造時
雄視天下兮 何日成業
東風漸寒兮 壯士義熱
念慨一去兮 必成目的
鼠窃0.0兮 豈肯比命
豈度至此兮 事勢固然
同胞同胞兮 速成大業
萬歲萬歲兮 大韓獨立
萬歲萬0.歲 大韓同胞

山安應七 作歌

장부가 제사뜻에 처음이어 그뜻이 크도다
씨가 침을믿지음이며 정웅이써로지오리로다
현하를오시살음이니 어니찬에얼문일은리고
웅등이천□나디며 잔사하의기가뜬점도다
분기히찬번가리며 바다이목숨을리로리
용지에이룰종□룬□룬비김모
엇지준기목숨을비김모
주으되・・・이며
시□가고비㎔㎘
다에에에 우리되앞을이룬거이다
에게하비 시한□람이로□
마찌마지비 디관몀目□리로다

안응칠 작가

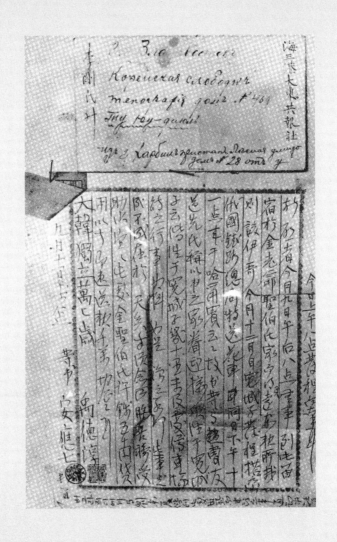

이강에게 보낸 서한

의거 직전 「대동공보사」 주필 이강에게 보낸
안중근 의사의 친필 서한.

의거 직전 하얼빈 역

1909년 10월 26일, 이토 히로부미 저격 직전의 하얼빈 역.
ⓒ안중근의사기념관

의거 직전의 이토 히로부미

기차에서 내린 이토 히로부미(흰 수염의 남자)와 그 일행.
ⓒ안중근의사기념관

탄두

안중근 의사가 발사한 탄두.
만저우 철도 이사 다나카 세이지로의 왼쪽 무릎을 맞혔다.
ⓒ안중근의사기념관

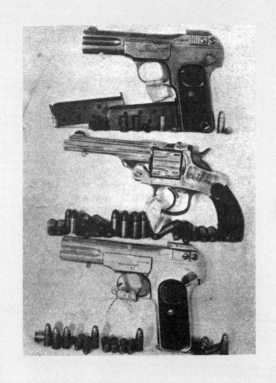

권총

이토 저격 당시의 브라우닝 권총.
안중근 의사가 사용한 것은 맨 위의 것이다.

의거 후 안중근

의거 후 체포되어 찍은 것으로 보이는 안중근 의사의 사진.
ⓒ안중근의사기념관

뤼순 형무소
———
안중근 의사 수감 당시의 뤼순 형무소.

관동도독부 고등법원

안중근 의사가 공판을 받았던 뤼순 소재의 관동도독부 고등법원.
ⓒ안중근의사기념관

안중근 호송 마차

마차를 이용해 안중근 의사를 공판정으로 호송 중이다.
ⓒ안중근의사기념관

관동도독부 공판정

안중근 의사 공판 당시의 공판정.
ⓒ안중근의사기념관

공판정 풍경

(오른쪽부터)공판정에 출석한 안중근 의사와 우덕순, 조도선, 유동하.
ⓒ안중근의사기념관

유언 중인 안중근

사형 선고를 받고 빌헬름 신부와
두 동생에게 유언을 남기는 안중근 의사.
ⓒ안중근의사기념관

순국 직전 안중근

순국 직전의 안중근 의사. 하얀 수의를 입고 있다.
ⓒ안중근의사기념관

조성녀 여사

안중근 의사의 어머니 조성녀 여사.
ⓒ안중근의사기념관

김아려, 안분도, 안준생
———————
사형 집행 후 안중근 의사의 주머니에서 발견된 사진.
안중근 의사의 부인 김아려와 장남 분도(오른쪽), 차남 준생.
ⓒ안중근의사기념관

독방 내부 1

뤼순 형무소의 안중근 의사 독방 내부.
안중근 의사 수감 당시의 현장이 그대로 보존되어 있다.

독방 내부 2
———
안중근 의사가 직접 사용한 침대.

교수대
———
안중근 의사가 사형당했던 사형장 안의 교수대를 재현해놓은 모습.

삼의사묘

효창공원의 삼의사묘. 오른쪽부터 이봉창, 윤봉길, 백정기 의사 묘.
왼쪽은 안중근 의사의 가묘다.

안중근 가묘
———
1946년에 조성된 안중근 의사 가묘.
안중근 의사의 유해를 찾으면 이곳에 안장될 예정이다.

유묵 '위국헌신군인본분'

뤼순 형무소 담당 간수였던 지바 도시치에게 안중근 의사가 선물한 글씨.
'나라를 위하여 몸을 바침은 군인의 본분이다'라는 뜻이다.

오늘을 목 놓아 통곡하노라

"한국이 장차 위태롭게 되었구나."

하루는 빌헬름Wilhelm 신부님이 걱정스러운 얼굴로 말했다.

"왜 그렇게 생각하십니까?"

"러시아가 이기면 러시아가 한국에 대한 권리를 주장할 것이요, 일본이 이기면 일본이 한국을 관할하려 들 것이니 어찌 위태롭지 않다 하겠느냐?"

그 후에도 빌헬름 신부님은 여러 번 같은 말씀을 하셨다. 1904년 2월에 시작한 러일전쟁은 1년째 이어지다가 가을이 다 되어 끝났다. 빌헬름 신부님의 우려대로 전쟁에서 이긴 일본이 만저우와 한반도에서의 주도권을 차지했다. 마치 기다렸다는 듯이 이토 히로부미가 한국에 들어왔다. 한국을 일본의 식민국으로 만들기 위해 온 거라고 아버지가 비통해하셨다.

아니나 다를까 1905년 11월 17일, 조선통감부 통감이 된 이토 히로부미가 일본군 사령관인 하세가와 요시미치長谷川好道와 수십 명의 헌병을 대동하고 어전회의에 나타나 총칼로 위협하며 여덟 명의 대신에게 을사5조약에 찬성할 것을 강요했다. 외부대신 박제순, 내부대신 이지용, 군부대신 이근택, 학부대신 이완용, 농상공부대신 권중현이 찬성표를 던져서 조약이 체결되었다고 통감부가 발표했다. 이 다섯 명의 이름이 알려지자 사람들은 나라를 팔아먹은 매국노라고 분개하면서 이들을 '을사오적'이라고 불렀다. 통감부에서는 을사5조약 체결로 조선의 외교권이 이제는 일본한테 있다고 주장했다.

"조선 황실의 안녕과 존엄을 유지해준다는 미명하에 조선의 외교권을 자신들이 행사한다는 게 말이나 되는 소리냐?"

아버지는 충격으로 식음을 전폐하고 드러누우셨다. 가뜩이나 건강이 좋지 않으신데 이 일로 더 안 좋아지실까 봐 걱정되었다. 나라 안에 울분을 토하지 않는 이가 없었다. 다른 나라와의 관계에서 외교권을 행사할 수 없는 나라가 어디 있단 말인가.

"중근아, 이것 좀 봐라."

20일 아침에 아버지가 부르셨다. 안방으로 들어가니 「황성신문」을 펼쳐 보이며 큰 소리로 읽으셨다. 옆에 다가가 아버지가 읽으시는 곳을 눈으로 따라 읽었다.

아, 4000년의 강토와 500년의 사직을 남에게 갖다 바치고 2000만 생령들로 하여금 남의 노예가 되게 했으니, 저 개돼지보다 못한 외부대신 박제순과 각 대신들은 꾸짖을 가치조차 없다. 하지만 명색이 참정

대신이란 자는 정부의 수석임에도 단지 부좀자 하나로써 책임을 면하여 이름거나 장만하려 했더란 말이냐. 김청음처럼 통곡하며 문서를 찢지도 못했고, 정동계처럼 배를 가르지도 못한 채 살아남고자만 했으니 그 무슨 면목으로 강경하신 황제 폐하를 뵈올 것이며, 그 무슨 면목으로 2000만 동포와 얼굴을 마주할 것인가.

아! 원통하도다. 아! 분하도다. 우리 2000만 동포여, 노예 된 동포여! 살았는가, 죽었는가? 단군 기자 이래 4000년 민족정신이 하룻밤 사이에 갑자기 망하고 말 것인가. 원통하고 원통하다. 동포여! 동포여!

아버지가 신문을 내게 내주며 말씀하셨다.

"장지연의 '시일야방성대곡'이다. 오늘을 목 놓아 통곡한다는 뜻이니 「황성신문」 주필답구나."

그 글로 「황성신문」은 발행이 중단되었고 장지연은 구속되었다. 한국 사람이 한국의 앞날을 걱정했다는 것이 죄가 되는 세상이 온 것이다. 아버지는 건강이 악화되어 위중해졌다. 그 와중에도 아버지는 을사5조약이 몰고 올 국정을 염려하셨다.

"내가 이렇게 누워만 있으면 안 되는데 도리가 없구나."

동학운동이 일어났을 때 의병 활동을 하셨던 아버지로서는 국가 존립이 흔들리고 있는 때에 와병 중이니 더욱 괴로우신 것 같았다.

"아버지, 일본과 러시아가 개전했을 때 일본의 선전포고문 가운데에는 동양의 평화를 유지하고 한국의 독립을 굳건히 하겠다는 말이 있었습니다. 그런데 이제 와서 일본이 그러한 신의를 내팽개치고 야심적인 책략만을 자행하고 있습니다. 이 모든 것은 일본의 대정치가라는 이토의 정략입니다. 우선 강제로 조약을 맺고, 다음으로 뜻있는 사람들의 모임을 없앤 뒤 강토를 삼키고 오늘의 우리나라를 망치려는 것이 바로 이 조약입니다."

"중근아, 그러니 어찌해야 한단 말이냐? 속히 방도를 세우지 않다간 이 나라가 저들의 손에 넘어갈 것이다."

"아버지 말씀대로 서둘러 대책을 세우지 않으면 큰 화를 면하기 어려울 것입니다. 그러나 지금 의거를 일으켜 이토에게 저항한들 우리와 일본 힘에 큰 차이가 있으니 죽음만 당할 뿐 아무런 도움이 되지 않을 것입니다. 요즈음 들리는 말에 의하면 청나라 산동山東 성과 상하이上海 등지에 한국인이 많이 살고 있다고 하니 우리도 그곳으로 이사해서 방책을 도모하는 것이 어떻겠습니까? 제가 먼저 그곳에 가서 살펴본 다음 돌아올 것이니, 아버님께서는 그동안 은밀히 짐을 정리하여 식구들을 데리고 진남포로 가서 기다리세요. 국외에 가서 사는 일은 제가 돌아오는 날 다시 의논해 결행하는 것이 좋겠습니다."

"그렇게 하는 것이 좋겠구나."

며칠 뒤 어머니와 아내에게 아버지를 당부한 뒤 청계동 집을 나섰다. 딸 현생이가 "아버지, 아버지" 하면서 따라 나오며 우는 걸 떼어놓고 오자니 마음이 무거웠다. 일단 산동 성으로 갔다. 짐작했던 대로 한국 사람들은 절망과 분노에 휩싸여 있었다. 어느 곳에 한국인이 얼마나 살고 있는지, 어떤 이들이 살고 있는지를 적어두었다. 필요한 때에 어디의 누구를 찾아가야 할지 금방 결정하기 위해서였다. 며칠 뒤 상하이로 내려갔다.

산둥 성에서 들은 이야기에 의하면 상하이에 명성황후의 친정 조카인 민영익 선생이 있다고 했다. 민영익은 1894년에 선혜청 당상에까지 올랐다가 고종 폐위를 꾀하려 했다는 혐의로 쫓겨나 국외에서 머무르던 인물이었다. 최근에 한국에 들어왔다가 을사5조약에 실망해 다시 한국을 떠나 상하이에 머물고 있다고 했다.

상하이에 도착하자마자 민영익의 집을 찾아갔다. 일본과 사이가 안 좋은 사람이니 시국을 위해서 함께 일을 도모하자고 할 참이었다. 그런데 하인이 나와 "우리 대감님은 한국인은 만나지 않습니다" 하면서 대문을 막아섰다. 아무리 한국에서 정치적으로 박해를 받았기로서니 한국 사람 모두를 배척할 것까지야 없지 않나. 더욱이 이런 비상시국에 말이다. 몇 번 더 찾아갔지만 매번 안으로 들이지도 않았다. 그냥 돌아서자니 분하고 억울한 마음이 들어 안에서 듣건 말건 큰 소리로 따졌다.

"당신은 한국인인데 한국인을 만나지 않는다면 어느 나라 사람을 만나려는 것입니까? 더욱이 당신은 한국에서 여러 대를 거쳐 국록을 먹던 신하가 아닙니까? 그런데 요즘처럼 나라가 어려울 때 전혀 동포를 사랑하는 마음 없이 베개를 높이 하고 편안히 누워서 조국의 흥망을 잊어버리고 있으니 세상에 어찌 이 같은 도리가 있을 수 있습니까? 오늘날 나라가 위급해진 것은 그 죄가 전적으로 당신들과 같은 고관들에게 있는 것이고, 민족에게 허물이 있는 것이 아니기 때문에 얼굴이 부끄러워서 만나지 않는 것이란 말이오?"

그 뒤로는 찾아가지 않았다.

한국에서 크게 장사를 하던 서상근이란 사람이 상하이에 와 있다고 해서 그를 찾아갔다.

"지금 한국 형세의 위태롭기가 오늘내일하니 어쩌면 좋겠소? 무슨 좋은 계책이 없겠소?"

서상근이 대답했다.

"한국 일을 내게 말하지 마시오. 나는 일개 장사치로 수십만 원이 넘는 돈을 정부 고관에게 빼앗기고 이렇게 여기에 피해 있는 것이오. 더구나 국가의 정치가 우리 같은 백성들과 대체 무슨 상관이 있단 말이오?"

그 말에 화가 났지만 꾹 참고 웃으며 말했다.

"그렇지 않소. 하나만 알고 둘은 모르고 하는 소리입니다. 만일 백성이 없다면 나라가 어디 있겠소? 더구나 국가란 몇몇 고관들의 것이 아니라 당당한 2000만 민족의 것이오. 국민이 국민의 의무를 행하지 않는다면 어떻게 권리와 자유를 얻을 수 있겠소? 그리고 지금은 민족이 존중받는 시대인데 어째서 한국 민족만이 남의 밥이 되어 멸망하기를 기다려야 한다는 말이오? 함께 이 나라를 구할 방도를 생각해봅시다."

그러자 서상근이 대답했다.

"당신 말이 옳기는 하지만 나는 그저 일개 장사꾼으로서 입에 풀칠만 하면 그만이니 더는 정치 얘길랑 하지 마오."

몇 번이나 설득했지만 그는 끝까지 자신과 상관없는 일이라고 했다.

숙소로 돌아오는데 탄식이 절로 나왔다.

"한국 사람들의 생각이 모두 이러하니 나라의 앞날을 짐작할 수 있 겠구나."

여관방에 누워 있자니 분통이 터져 잠이 오지 않았다. 다들 이럴진 대 나라 밖에서 무슨 일을 도모할 수 있을까 싶었다.

며칠 후 답답한 마음에 기도를 드리러 상하이에 있는 성당에 갔다. 한참 동안 기도를 하고 나오는데 마침 한 신부님이 내 앞을 지나가다 가 얼굴이 마주쳤다.

"토마스!"

세례명을 부르며 반갑게 손을 잡으시는 분은 바로 르 각 Le Gac 신부 님이었다. 프랑스에서 오신 신부님은 내 고향인 황해도에서 여러 해 동 안 전도 활동을 하셨기 때문에 친구처럼 가깝게 지냈다. 신부님은 그 동안 홍콩에 계셨다면서 상하이를 거쳐 한국으로 돌아가는 중이라고 했다.

우리는 마땅히 갈 곳이 없어서 내가 묵고 있는 여관으로 왔다.

"무슨 일로 여기에 왔느냐?"

"신부님, 지금 한국에서 벌어지고 있는 참담한 일을 듣지 못하셨습 니까?"

"물론 들었지."

"현재 상황이 그러하니 어쩔 도리가 없이 가족들과 외국에서 살려 고 합니다. 외국에서 살면서 이곳 동포들과 연락해 주변의 여러 나라를 돌아다니며 우리나라의 억울한 사정을 설명해 공감을 얻으려 합니다. 그러면서 기회를 노리고 있다가 단번에 의거를 일으키면 목적을 이룰 수 있지 않겠습니까?"

신부님은 한동안 아무 말씀이 없다가 한참 만에 입을 여셨다.

"나는 종교인이고 전도사라 정치에 전혀 상관이 없다마는 지금 네 말을 들으니 안타까운 마음을 금할 길이 없구나. 네게 한 가지 방법을 일러줄 테니 이치에 맞거든 그대로 시행하고, 그렇지 않거든 네 뜻대로 해라."

"네, 신부님. 말씀해주십시오."

"네가 하는 말도 일리는 있다만, 그것은 다만 하나만 알고 둘은 모르는 말이다. 가족과 외국으로 나온다는 것은 잘못된 생각이다. 만약 너희 나라 2000만 민족이 모두 너와 같이 행동한다면 나라 안은 텅 빌 것이고, 그것은 곧 일본이 바라는 바일 것이다. 국외에 있는 동포들로 말하자면, 그들은 국내 동포에 비해 나라를 사랑하는 마음이 곱절은 더하니 서로 모의하지 않아도 같이 일할 수 있다. 그러니 걱정하지 않아도 될 것이다. 주변 다른 나라들에 대해서 말하자면, 그들은 네가 하는 말을 들으면 모두가 가엾고 안됐다고는 하겠지만 그렇다고 한국을 위해 군사를 동원해주지는 않을 것이다. 각기 제 나랏일에 바빠 전혀 남의 나라를 돌봐줄 겨를이 없단다. 그러나 만일 훗날 때가 돼 운이 좋으면 혹시라도 일본의 불법행위를 성토할 기회가 있을지도 모르겠다."

"그러면 제가 어찌해야 좋단 말입니까?"

115

"옛말에 '하늘은 스스로 돕는 자를 돕는다'라고 하지 않았느냐? 너는 속히 한국으로 돌아가 우선 네가 해야 할 일을 해라. 첫째는 교육이요, 둘째는 여론 조성이요, 셋째는 민심 단합이요, 넷째는 실력 양성이다. 이 네 가지를 확실히 성취하기만 하면 2000만의 응원이 반석과 같이 든든해져 상대가 1000만의 대포를 갖고도 함부로 어쩌지는 못할 것이다."

신부님 말을 다 듣고 나니 어리석었던 나 자신이 부끄러워졌다.

"신부님 말씀이 옳습니다. 그대로 따르겠습니다."

나라 잃은 국민이 되어

홀로 가족과 떨어져 보내서 그런지 상하이의 겨울은 한국보다 더 춥게 느껴졌다. 12월인데 눈은 몇 번 오는 듯하다가 말았다. 그러던 어느 날, 인편으로 아버지가 돌아가셨다는 연락을 받았다. 식구들은 내가 집을 떠나 있는 사이 해주 청계동을 떠나 진남포에 임시 거처를 마련해놓고 있었다. 내가 언제 올지 모르니 기다릴 수가 없어서 아버지 고향 청계동에서 장례를 치러드렸다고 했다.

아버지 임종도 못 보고 장례도 못 치러드린 불효자가 되었다니! 슬픔과 죄스러움 때문에 통곡하다가 몇 번이나 정신을 잃었다. 을사5조약 체결 이후 병세가 악화되더니 결국 돌아가시고 만 것이다. 나는 상하이에서 배를 타고 진남포로 갔다.

가족들과 상의하여 아버지 장례를 한 번 더 치러드리기로 했다. 가족들과 청계동으로 가서 장례를 마치고 그해 겨울을 청계동에서 보낼 계획이었다. 그때 나는 아버지 무덤 앞에서 맹세했다. 우리나라가 독립

하는 날까지 술을 마시지 않겠다고.

　겨울이 가고 봄이 왔다. 아버지는 비록 안 계시지만 아버지의 뜻을 받들어 본격적으로 구국 활동을 벌여야겠다고 결심했다. 청계동 가산을 모두 정리한 뒤 그해 4월에 가족들과 다시 진남포로 갔다.

　우선 가족들이 살 집을 지었다. 나머지 재산으로는 삼흥학교를 세우고 돈의학교를 인수했다. 르 각 신부님의 조언대로 나라에 필요한 인재들을 교육시키기 위해서였다. 나라 잃은 슬픔이 아무리 크다 한들 우리에게 힘이 없고 어떻게 나라를 찾을지 방법을 모른다면 아무 소용이 없었다. 인재를 양성하려면 그만큼 훌륭한 교육이 이루어져야 한다고 생각하여 애국지사들을 초청하여 자주 강연회를 열었다. 그중에서도 민족애를 고취시켜주는 안창호 선생의 강연은 매번 감동을 주었다.

　　죽더라도 거짓이 없어야 한다.
　　농담으로라도 거짓말을 하지 말아야 한다.
　　꿈에라도 성실을 잃었거든 반성하고 참회하라.
　　나라가 없고서 한 집과 한 몸이 있을 수 없고,
　　민족이 천대받을 때 혼자**만** 영광을 누릴 수 없다.
　　개인은 제 민족을 위해서 일함으로
　　인류와 하늘에 대한 의무를 수행하는 것이다.
　　거짓이여! 너는 내 **나라**를 죽인 원수로구나.
　　군부의 원수는 불공대천이라 했으니,

네 평생에 죽어도 다시는 거짓말을 아니 하리라.

그대는 나라를 사랑하는가.

그러면 먼저 그대가 건전한 인격이 되어라.

백성의 질고를 어여삐 여기거든 그대가 먼저 의사義士가 되라.

의사까지는 못 되더라도

그대의 병부터 고쳐서 건전한 사람이 되어라.

안창호 선생의 이런 말씀 하나하나가 학생들에게 긍정적인 영향을 주었다. 삼흥학교와 돈의학교는 일 년여 만에 명문 학교로 소문이 나기 시작했다. 역사교육만 중요한 게 아니었다. 자기 몸 하나 지킬 능력이 안 되면 결국 뒤로 숨을 수밖에 없다. 장차 학생들이 나라를 위해 어떤 역할을 하게 될지 몰라 교련 시간에는 목총을 이용한 총 기술 등 군대식 훈련을 시켰다. 국가 위기 시에는 군인으로 싸울 수도 있기 때문이었다.

1907년 봄이었다. 하루는 어떤 분이 학교로 나를 찾아왔다. 도인 같은 분위기를 풍기는 김진사라는 분이었다.

"자네의 부친과 평소 친하게 지내던 사람이라서 특별히 찾아왔네."

"선생님께서 멀리서 이렇게 찾아주셨으니 좋은 의견이 있으시면 말씀해주십시오."

"그대와 같이 기개가 높은 젊은이가 지금 이렇게 나라 정세가 위태롭게 된 때에 어찌 앉아서 죽기만을 기다리려고 하는가?"

"무슨 좋은 계책이라도 있습니까?"

그는 결연한 표정으로 고개를 끄덕이더니 이런 말씀을 하셨다.

"지금 백두산 뒤쪽의 서북 젠다오間島와 러시아 영토인 블라디보스토크 등지에 한국인 100만 명이 살고 있다네. 그곳은 모든 것이 풍부해 군대를 한번 일으켜볼 만한 곳이야. 자네는 재능이 있으니 그곳에 가면 필히 큰일을 이룰 수 있을 것일세."

"일러주신 말씀을 열심히 참고하겠습니다."

그분은 돌아가시기 직전 다시 한 번 내 손을 잡으셨다. 처음 인사를 나눌 때와는 달리 손아귀에 잔뜩 힘을 주셨다. 마치 '자네를 믿네. 꼭 큰일을 해주게'라고 당부하는 것 같았다.

그 무렵 나는 평양에서 석탄광 채굴 사업을 했다. 장차 큰일을 도모하려면 자금을 많이 마련해둬야겠다는 생각에서였다. 그런데 일본인들의 훼방으로 투자금 수천 원을 날리고 말았다. 낙심하던 차에 대구 광문사의 김광제 사장과 서상돈 부사장이 시작한 국채보상운동이 전국으로 확대되고 있다는 소식이 들려왔다. 전국의 지식인, 유림儒林, 부녀자, 인력거꾼, 기생 등 전 국민이 돈이건 패물이건 너도나도 모금에 보태고 있었다. 평양에서도 모금 운동에 참여하기로 하고 발기인대회를 열었다.

이 사실을 안 일본 경찰이 미리 나와 있었다. 그는 나를 쏘아보며 물었다.

"회원은 몇 명이며 재물은 얼마나 모았소?"

나도 지지 않고 그를 쏘아보며 대답했다.

"회원은 우리 동포 전체인 2000만 명이오. 돈은 1300만 원을 모은 다음에 국채를 모두 상환하려 하오."

그러자 일본 경찰이 욕을 했다.

"하등한 조센진들이 무슨 일을 할 수 있단 말이냐?"

나도 욕을 하고 싶었지만 참고 말했다.

"빚을 진 사람은 빚을 갚으면 되고 돈을 빌려준 사람은 돈을 받으면 그만이거늘, 도대체 왜 우리를 방해하고 욕설을 해대는 것이냐?"

내 당당한 태도에 화가 났는지 일본 경찰이 나에게 달려들어 주먹질했다. 나는 그의 두 팔을 잡고 말했다.

"지금처럼 우리 민족이 잠자코 당하고만 있다간 앞으로 더 큰 국치를 당하게 될 것이다. 그런데 어찌 우리가 보고만 있을 수 있겠느냐?"

그리고 나 역시 화를 참지 못하고 그에게 주먹을 휘둘렀다. 둘이 치고받는 형국이 되었다. 마침 곁에 있던 사람들이 말려서 싸움은 금방 끝났다. 이처럼 국채보상운동 중 일본의 탄압과 방해 공작이 계속되었다. 그러면서 사람들의 열기도 점점 시들해졌다. 일본이 원하는 대로 된 것이다.

1907년 7월, 헤이그 밀사 사건을 빌미로 이토 히로부미는 고종을 강제 폐위하고 순종을 즉위시켰다. 그리고 5일 만에 정미7조약을 체결했다. 법령 제정권, 행정권 및 일본 관리 임명 등에 관한 내용이 들어 있었다. 이 조약의 후속 조치로 일본인 차관 임명, 경찰권을 일본에 위임, 대한제국 군대 해산, 언론 탄압을 위한 신문지법, 집회와 결사의 자유를 제한하는 보안법 등이 공포되었다. 대한제국은 국가로서 주체적으로 아무것도 할 수 없게 된 것이다.

군대가 강제로 해산되는 날, 시위보병 제1연대 제1대대장으로 있던 박승환이 '군인이 나라를 지키지 못하고 신하가 충성을 다하지 못하면 만 번 죽어도 애석함이 없다'라는 내용의 유서를 남기고 권총으로 자살했다. 그 소식을 듣고 해산 군인들과 민간인들이 의병을 일으켰지만 대규모 일본군에 의해 금방 진압되고 말았다.

어디를 가나 국민의 한숨과 탄식이 들려왔다. 사람들은 이토 히로부미가 한국을 잡아먹고 있다고 성토했다. 장차 이런 나라에서 아이들이 크고 자라 어떻게 살아갈까를 생각하니 억장이 무너졌다. 아무것도 모르고 천진하게 뛰놀고 있는 어린 분도와 현생이에게 죄인이 된 것만 같았다. 게다가 셋째를 임신한 아내의 배는 점점 불러오고 있었다. 가족을 위해서라도 망해가는 나라를 보고 있을 수만은 없었다.

1907년 가을, 어머니와 아내와 두 남동생이 있는 자리에서 국외로 나가 항일 투쟁 여건을 알아보고 와야겠다고 말했다. 정확하게 어디에서 머무르게 될지, 얼마나 걸릴지 나도 알 수 없었다. 출산을 앞두고 있는 아내를 비롯하여 가족들이 적극적으로 만류하면 어쩌할지 내심 부담감이 있었다. 내 계획을 들은 가족들 심정도 착잡하긴 마찬가지였을 것이다. 잠시 침묵이 흘렀다.

어머니가 입을 여셨다.

"아직 네 아이들도 어린 데다 만삭의 네 아내를 생각하면 너를 잡고 싶지만 나라가 이 지경인데 어찌 사사로운 정을 앞세워 대의를 막겠느냐? 돌아가신 아버지도 네가 그렇게 나서주기를 천국에서 바라고 계실 거다. 다만 어디에 있든 몸조심하거라."

아내도 조용히 내 뜻을 따라주었고 동생 정근과 공근은 "여기 식구들은 저희가 잘 보살피고 있겠습니다. 그리고 저희 힘이 필요하면 불러주십시오. 언제든 달려가겠습니다" 하면서 지지해주었다. 떠나지 말라고 잡는 사람이 있어도 집을 나섰겠지만 발걸음은 훨씬 무거웠을 것이다. 그런데 위태로운 나라를 위해서 큰일을 하라고 믿고 보내주는 가족이 있어서 더욱 힘이 났다.

진남포를 떠나 러시아 옌하이저우沿海州로 갔다. 그곳에도 이미 일제 통감부 산하 젠다오 파출소가 설치되어 있었다. 친구들이 있는 옌치야烟秋, 현 크라스키노로 들어갔다. 고향을 떠나 있다 보니 심신이 피폐해져 아무도 나를 알아보지 못했다. 당장이라도 고꾸라져 다시는 일어날 수 없을 것만 같았다. 친구들에게 "날세, 중근이" 하면 그제야 "아, 자네군. 그런데 몰골이 어찌 이리도 못쓰게 되었나" 하면서 놀라워들 했다. 친구들의 도움으로 옌치야에서 십여 일 묵으며 몸을 회복할 수 있었다.

블라디보스토크로 갔더니 한인 동포들이 환영회 자리를 만들어놓고 나를 불렀다.

"나라를 잃고 말았는데 무슨 면목으로 여러분들의 환영을 받을 수가 있겠소?"

극구 사양했더니 사람들이 나를 격려했다.

"이기고 지는 것은 전쟁터에서 항상 있는 일인데 무엇이 부끄럽소? 더구나 그같이 위험한 곳에서 무사히 살아 돌아왔으니 어찌 환영해야 할 일이 아니겠소? 함께 힘을 모아봅시다."

당분간 블라디보스토크에서 지내기로 했다. 계동청년회의 임시 사찰을 맡아보면서 항일독립운동 조직에 합류했다. 각 마을을 돌아다니며 애국 계몽 활동을 벌였다. 한인들 집단 거주지인 옌하이저우 일대뿐 아니라 멀리 하바롭스크 이북의 한인 촌락을 돌아다니며 일본의 만행을 알리는 강연도 했다. 그러다 다시 옌하이저우로 돌아와 항일 투쟁을 함께할 사람들을 모으러 다녔다.

그러던 어느 날이었다. 인적이 드문 눈 덮인 산골짜기를 일행과 지나고 있는데 갑자기 어디선가 예닐곱 명의 사내들이 뛰쳐나와 나를 묶으며 소리쳤다.

"의병대장을 잡았다!"

그사이에 나와 함께 있던 일행들이 재빠르게 달아났다.

사내들 중 하나가 말했다.

"너는 어째서 정부에서 금하고 있는 의병 모집을 하고 있느냐?"

한국말을 유창하게 하는 것으로 보아 사내들이 한국 사람인 건 분명했다.

"지금 한국 정부가 겉으로는 존재하는 것처럼 보이지만 실상은 이토라는 자의 개인 정부나 다름없다. 그러니 지금 우리 민족이 정부 명령에 복종한다는 것은 이토에게 복종하는 것이다. 의병 모집을 금한다는 일본의 명령을 내가 왜 따라야 하느냐?"

내 대답이 끝나기가 무섭게 그들은 나를 차가운 눈 위에 쓰러뜨리고서 무자비하게 짓밟고 두들겨 팼다.

폭행의 강도가 조금 수그러들었을 때 그들을 향해 큰 소리로 꾸짖었다.

"네놈들이 만일 여기서 나를 죽이면 너희는 무사할 것 같으냐? 조금 전에 나와 동행했던 두 사람이 도망했으니 바로 우리 동지들에게 알렸을 것이다. 그들이 나중에라도 네놈들을 반드시 찾아내 모조리 다 죽일 것이니 알아서들 해라."

그들은 폭행을 멈추고 서로 귓속말로 속삭였다. 나를 죽일지 살릴지를 두고 논의하는 것 같았다. 얼마 후 그들은 나를 끌고 산속에 있는 어느 초가집으로 갔다. 그곳에서 어떤 놈은 다시 나를 때리려고 달려들었고 또 다른 놈은 그놈을 말렸다.

"이젠 그만 나를 풀어줘라. 너희들도 한국 국민이면서 일본을 위해 이렇게까지 해야겠느냐?"

그들은 들은 척도 하지 않고 자기들끼리 한구석에서 계속 이야기를 나누었다. 나를 어떻게 할지 금방 결론이 나지 않는 모양이었다.

그중 한 사람이 또 다른 사람을 가리키며 말했다.

"김씨, 이 일은 처음부터 당신이 꾸민 일이니 당신 마음대로 해. 우리는 더는 상관하지 않겠어."

죽이든 살리든 알아서 하라는 이야기였다. 김씨라는 사람이 잠시 고민하는 듯하더니 나를 끌고 산 아래로 내려갔다. 도중에 나를 죽일 수도 있겠다는 생각이 들었다. 그에게 나를 풀어달라고 부탁도 하고 저항도 했다.

"이보시오, 지금 당신이 하는 행동이 정녕 옳다고 생각하오? 내가 하는 행동이 정말 잘못됐다고 생각하오? 지금 내가 하려는 일이 나를 위한 것이라 생각하오? 바로 당신과 당신 가족, 나아가 우리 모두를 위해서 나라를 되찾으려는 것이오."

그도 어찌할 수가 없겠는지 중간쯤에서 나를 풀어주고는 뒤도 안 돌아보고 가버렸다. 나중에 알았는데 사내들은 일진회 회원들로, 마침 내가 그곳을 지나갈 거라는 정보를 입수하고 기다리고 있었다. 내가 의병을 모집한다는 소문을 듣고 나를 생포해서 통감부에 넘기려고 했다는 것이다.

간신히 풀려나 친구 집을 찾아가니 나를 보고 대경실색했다. 살아 돌아온 것만 해도 기적이라며 친구는 다친 곳을 정성으로 치료해주었다. 그해 겨울을 그렇게 보냈다. 분도와 현생이는 잘 지내고 있는지 아이들 모습이 눈에 선했다.

손가락을 잘라 피로 쓴 '대한독립'

1908년 봄, 그동안의 노력들이 결실을 맺었다. 김두성을 총독으로 하고 이범윤을 대장으로 하는 대한제국의 의병을 창설하고 엔치야에 의병 기지를 만들었다. 나는 참모중장 겸 특파독립대장의 책임을 맡았다. 이로써 본격적으로 항일 투쟁을 벌이기 시작했다.

1908년 7월엔 의병 이백여 명을 이끌고 엔치야를 출발하여 두만강을 건너 함경북도 6진 지역으로 들어가 일본군과 치열한 접전을 벌였다. 유인석이 총독, 이범윤이 총대장, 전제익이 포병사령관, 내가 좌령장, 엄인섭이 우령장을 맡았다. 우덕순, 장석회, 김은수, 백규삼 등이 장교로서 각기 한 부대씩 이끌었다. 내가 맡은 부대는 홍의동에서 일본군과의 세 차례 교전에서 오십여 명을 사살했다. 한번은 일본군 십여명이 포로로 잡힌 적이 있었다. 그들이야 일본 정부와 이토가 시켜서 한 짓일 테지만 그래도 그들이 사람이라면 양심에 거리낌은 있을 거라 생각했다.

"당신들은 일본국 신민들이다. 그런데 왜 일왕의 거룩한 뜻을 받들지 않는가? 러일전쟁을 시작할 때 선언서에 동양 평화를 유지하고 대한 독립을 굳건히 한다고 하지 않았느냐? 그런데 오늘날 이렇게 침략하고 약탈하려고 아우성이니 어찌 이것을 평화와 독립이라 할 수 있겠느냐? 역적이나 강도가 하는 짓이 아니냐?"

그러자 포로들이 눈물을 흘리며 하소연했다.

"우리들이 이곳에 온 것은 본심이 아닙니다. 사람이라면 누구나 죽음을 두려워할 것입니다. 만리타향 전쟁터에서 죽으면 주인 없는 원혼들이 되는데 우리가 이 전쟁을 원하겠습니까? 이것은 오로지 이토 히로부미의 욕심 때문입니다. 그는 천황의 거룩한 뜻을 받들지 않고 제마음대로 권세를 주물러서 일본과 한국 두 나라의 귀중한 생명을 무수히 죽이고 있습니다. 하지만 우리는 명령에 움직여야 하는 군인입니다. 나라에서 싸우라면 싸우다 죽을 수밖에 없습니다. 부디 살려주십시오."

그들은 다 함께 통곡했다. 바라보고 있자니 이들은 무슨 죄가 있나 싶었다.

"당신들 말대로 군인이니 명령을 따를 수밖에 없겠다는 생각이 드는군. 당신들을 살려 보낼 테니 돌아가서 이유 없이 전쟁을 일으켜 동족을 괴롭히는 간악하고 흉악한 자들과 싸우시오. 그들이 사라져야 동양 평화가 이루어지고, 당신들과 내가 다시 만나는 일이 없을 것이오. 알겠소?"

그들은 기뻐하며 내 요구를 반드시 따르겠다고 했다.

그들이 돌아가고 난 뒤 장교들이 불평하여 따졌다.

"어째서 포로로 잡은 적들을 놓아주는 것이오?"

나는 이렇게 대답했다.

"현재 만국 공법에 포로가 된 적병을 죽이라는 법은 없습니다. 어느 곳에 가뒀다가 뒷날 배상을 받고 돌려보내는 것이지요. 우리가 그들을 가두고 있다고 피차 무슨 득이 있겠습니까? 더욱이 그들의 호소에 일리가 있어서 그랬습니다."

그러자 의병들이 이구동성으로 말했다.

"저들은 우리 의병들을 잡아 가차 없이 잔인하게 죽이고 있습니다. 잡아서 놓아줄 거라면 우리가 이렇게 목숨을 걸고 전투를 치를 필요가 있습니까?"

동지들의 심정도 이해가 되었다. 그러나 똑같이 살육을 자행한다면 일본의 제국주의와 뭐가 다르겠는가. 동지들에게 말했다.

"절대 그렇지 않습니다. 적들이 폭력과 살육을 저지르는 것은 하늘이 인간에게 주신 천부인권을 파괴함으로써 하늘을 분노케 하는 짓입니다. 저들이 옳지 않다고 하여 저들과 똑같은 금수가 되어야 하겠습니까?"

그러나 일부 장교들은 끝까지 내 말에 동의하지 않고 부하들을 끌고 다른 곳으로 가버렸다.

남은 병사들을 끌고 나는 다시 일본군과 치열한 전투를 벌였다. 하루는 전투 중에 밤이 되었는데 폭우까지 쏟아져 병사들이 이리저리 흩어졌다. 다음 날 흩어졌던 칠십여 명의 병사들이 다시 모였는데 이

틀이나 먹지 못한 데다 날까지 추워서 전투력을 기대할 수가 없었다. 게다가 일전에 포로들을 살려 보낸 일로 병사들이 여전히 동요하고 있었다. 그런 상황에서 회령 남쪽의 영산에서 일본 정예부대의 공격을 받자 병사들이 기다렸다는 듯이 달아났다. 주위를 둘러보니 어느덧 산속에 나만 홀로 있었다.

'이런 사람들과 무슨 일을 꾀할 수 있단 말인가.'

사방을 수색하여 아직 멀리 가지 않은 세 사람을 찾아냈다. 배고픔과 죽음에 대한 두려움, 추위로 아무것도 할 수 없는 상태였다. 한 사람은 그래도 끝까지 살아남겠다고 하고, 한 사람은 차라리 죽어버렸으면 좋겠다고 하고, 한 사람은 일찌감치 일본군의 포로가 되는 게 더 낫겠다고 했다. 오죽하면 이런 생각을 할까 싶어서 측은하기도 하고 내 탓인 듯도 해서 미안하기도 했다.

"빼앗긴 나라를 찾는 일이 쉬울 줄 알았는가? 모두 힘을 내자. 내가 시를 하나 읊을 테니 다 같이 힘을 내자."

사나이 뜻을 품고 나라 밖에 나왔다가
큰일을 못 이루니 몸 두기 어려워라.
바라건대 동포들아, 피 흘려 죽기를 맹세하고
세상에 의리 없는 귀신은 되지 말지어다.

이 시가 무슨 힘이 되었겠느냐마는 다행히 세 사람은 계속 나와 같이 행동했다. 그 뒤 우덕순, 김영선, 갈화천 등과 만나 12일 동안 단 두

끼만 먹고 구사일생으로 두만강을 넘어 한 달 반 만에 기지가 있는 엔치야로 돌아올 수 있었다.

1909년 초, 엔치야 지방으로 돌아와 동지 열한 명을 만나 이야기를 나누던 중 나는 이런 제안을 했다.

"우리가 이제까지 이룩한 것이 없으니 남의 비웃음을 면할 길이 없다. 생각건대 특별한 단체가 없다면 무슨 일이든 목적을 이루기가 어렵다. 오늘 우리들은 손가락을 끊어 맹세를 같이하여 표적을 남긴 다음에 마음과 몸을 하나로 뭉쳐 나라를 위하여 몸을 바쳐 목적을 달성하도록 하는 것이 어떻겠는가?"

그러자 열한 명의 동지들이 모두 좋다고 했다. 그리하여 3월 5일, 엔치야 부근의 카리下里 마을에서 나를 포함한 열두 명이 모여 '국권 회복과 동양 평화 유지를 위하여 헌신할 것을 맹세한다'는 동의단지회同義斷指會를 결성했다.

20대 중후반에서 30대 초반의 청년들로 이루어진 우리는 각오의 표시로 왼손무명지 첫 관절을 잘라 선혈을 이용해 태극기에 '대한독립'이라고 쓴 뒤 그 자리에서 대한 독립 만세를 제창했다. 이로써 단지동맹斷指同盟을 맺게 된 것이다. 그때, 내 나이 서른한 살이었다.

나를 포함해 잘린 손가락에서 피가 멈추질 않았다. 나는 그 피를 사발에 모아 그 피로 동의단지회의 취지문을 썼다.

동의단지회 취지문

오늘날 우리 한국 인종이 국가가 위급하고 생민生民이 멸망할 지경을 당하여 어찌하였으면 좋은 방법을 모르고 혹 왈 좋은 때가 되면 일이 없다 하고 혹 왈 외국이 도와주면 된다 하나 이 말은 다 쓸데없는 말이니 이러한 사람은 다만 놀기를 좋아하고 남에게 의뢰하기만 즐겨 하는 까닭이라. 우리 2000만 동포가 일심 단체 하여 생사를 불고한 연후에야 국권을 회복하고 생명을 보전할지라. 그러나 우리 동포는 다만 말로만 애국이니 일심 단체이니 하고 실제로 뜨거운 마음과 간절한 단체가 없으므로 특별히 한 회를 조직하니 그 이름은 동의단지회라. 우리 일반 회우가 손가락 하나씩 끊음은 비록 조그마한 일이나 첫째는 국가를 위하여 몸을 바치는 빙거요, 둘째는 일심 단체 하는 표라. 오늘날 우리가 더운 피로써 청천백일지하에 맹세하오니 자금위시하여 아무쪼록 이전 허물을 고치고 일심 단체 하여 마음을 변치 말고 목적을 도달한 후에 태평 동락을 만만세로 누리옵시다.

단지동맹을 맺은 3월에 우리는 약 삼백여 명의 의병을 모아서 다시 의병 활동을 전개했다. 한국 사람들의 동향을 살피고 항일운동 정보를 일본에 보고하는 일진회 무리들을 색출하기도 했다.

그해 초여름, 동지 몇 사람과 함께 한국의 정세를 살펴보고 오려 했으나 비용을 마련하지 못해 시간만 흘려보내고 있었다. 그러는 사이 어느덧 10월이 되었다. 그때 엔치야 지역에 머무르고 있었는데 나도 모르게 무엇에 쫓기듯 심장이 뛰는 듯도 하다가 울적해지는 듯도 하다가 초조해지기도 했다. 그러면서 불현듯 그곳을 떠나 블라디보스토크로 가야겠다는 생각에 사로잡혔다.

그런 일이 이전에는 없었던지라 마음이 불안했다. 스스로 진정하기 어려워 동지 몇 사람에게 말했다.

"나는 지금 블라디보스토크로 가려고 하오."

"갑자기 왜 거긴 가려고 하오?"

"나도 그 까닭을 모르겠소. 공연히 마음에 번민이 일어나서 도저히 이곳에 더 머물러 있을 수가 없소."

동지들이 어리둥절해하면서 물었다.

"가면 언제 오는 것이오?"

나도 모르게 이런 대답이 나왔다.

"다시 돌아오지 않을 것이오."

동지들은 더 묻지 않았지만 그러는 내가 몹시 이상하게 보였을 것이다. 나 역시 그런 대답이 나와버린 게 이상했다. 엔치야는 나의 또 다른 고향이나 마찬가지인데 다시는 돌아오지 않을 거라니!

친구들과 작별하고 보로실로프^{현 우수리스크}로 가서 증기선을 타고 블라디보스토크로 갔다. 10월 19일에 도착하여 늘 가는 이치권의 여관으로 갔다. 이치권은 나를 반갑게 맞아주었다.

그가 다짜고짜 이렇게 말했다.

"잘 왔네. 소식 들었나? 이토 히로부미가 만저우에 온다는군."

"그게 정말이야?"

이유도 없이 갑자기 심란해지면서 블라디보스토크에 오고 싶었던 게 그 때문이었나 싶은 생각에 갑자기 심장박동이 빨라졌다.

"언제 오는데?"

"며칠 내로 온다는 거야."

"그 말을 누구에게 들었는데?"

"소문이 쫙 퍼졌어. 모르는 사람이 없을 정도야."

"혹시 잘못 들은 건 아니고?"

"일본영사관에 가서 물어보면 확실하겠지."

나는 영사관에 가는 대신 대동공보 신문사를 찾아갔다. 애국동지 몇 명이 간여하고 있는 대동공보사라면 필시 중요한 정보를 알려줄 수 있을 것 같았다. 모두 외근 중이고 여직원 혼자 사무실을 지키고 있었다. 최근에 나온 신문을 아무리 들춰보아도 아직 이토 관련 기사가 없었다. 주2회 발행되는 신문이라서 아직 기사로 다룰 시간이 없었는지도 모르겠다. 신문을 뒤적이고 있자니 편집주간 이강이 돌아왔다.

이강과 간단히 인사를 마치자마자 이토 소식부터 물었다.

"이토 히로부미가 만저우에 온다는 소문이 들리던데 사실인가?"

"그렇다는군. 지금쯤 뤼순이나 다롄에 있을 거야."

"「대동공보」에는 아무 이야기도 없던데?"

"여태까지 소문만 무성해서 확실한지 알아보고 있었네. 드디어 자세한 뉴스가 들어왔으니 내일 실으려고 하네."

"그 자세한 뉴스라는 게 뭔가?"

"러시아의 코코프체프 재무장관이 베이만저우北滿洲를 시찰하기 위해 하얼빈 철도청을 방문하는데 거기에 맞춰 이토 히로부미가 하얼빈에 온다는 뉴스야. 코코프체프와 만나 동양 전체에 대한 문제를 협의할 계획이라고 발표했지만, 모르긴 몰라도 이토가 만저우를 빼앗으려고 오는 것 같아. 도쿄발 외전에 따르면 이토 히로부미는 10월 16일에 일본의 모지門司 항을 출발했다는군."

"그렇다면 하얼빈에는 언제 도착하는 거지?"

"아직 그것과 관련한 말은 없지만 내 생각에 25일 전후에 도착할 것 같아. 일본 모지 항에서 다롄까지는 이틀 정도 걸리고, 난만저우에는 일본인 거류민이 많으니까 그곳을 들렀다 온다면 그 정도 되겠지."

"하얼빈 역은 경비가 삼엄하겠군."

"그렇겠지. 장인환이 친일계 미국 의사 스티븐슨을 저격한 사건도 있었으니, 이토 일행 주변에 한국인은 얼씬도 못 하게 할 거야."

며칠 후면 눈앞에서 이토를 볼 수 있다는 생각에 흥분이 되었다.

'몇 년 동안 소원하던 목적을 이제야 이루게 되었구나! 기어이 늙은 도둑을 내 손으로 끝낼 수 있겠다!'

당장 하얼빈으로 가서 이토 일행을 기다리고 싶었다. 그러려면 자금이 필요했다. 마침 근처에 황해도 의병장이었던 이석산이 있다는 이야기를 듣고 그를 찾아갔다. 그는 길을 떠날 채비를 하고 문을 나서는 중이었다. 그를 조용한 곳으로 데려가 돈 100원만 빌려달라고 했다. 그러나 그는 일언지하에 거절했다.

"다짜고짜 찾아와서 돈 100원을 빌려달라니! 당장 돌아가시오!"

사실대로 털어놓으면 돈을 빌려줄 가능성이 컸지만 그러다가 일이 틀어질까 봐 말할 수 없었다. 그렇다고 어디에 가서 돈을 구한단 말인가. 급한 마음에 그를 위협해 100원을 강제로 빼앗았다. 미안한 마음이 들었지만 이토를 처단하는 경비로 썼다는 걸 나중에 알게 되면 이해해주리라 믿었다. 그리고 그 돈은 차후에 꼭 갚을 생각이었다.

코레아 우라!

자금도 마련되었으니 거사를 함께할 동지들이 필요했다. 대동공보사에서 영업을 하고 있던 우덕순 동지를 만나 계획을 밝혔다. 우덕순과는 생사를 걸고 의병 활동을 함께한 전력이 있어서 긴 설명이 필요하지 않았다. 이토를 사살할 생각이라고 하니 처음엔 깜짝 놀라는 것 같았지만 곧 "나한테도 총이 한 자루 있어요. 함께합시다!" 했다.

10월 21일 아침, 우리는 권총을 한 자루씩 가슴에 품고 하얼빈으로 가는 기차를 탔다. 기차는 특별급행열차와 우편열차, 화물차 세 종류가 있었다. 급행열차는 하얼빈까지 직통이기 때문에 표값이 비쌌다. 돈을 절약하기 위해 우편열차를 탔다. 블라디보스토크에서 소리령小里嶺 역까지는 3등석 표를 샀고, 소리령부터 쑤이펀허綏芬河 역까지는 2등석 표를 샀다. 쑤이펀허 세관에서 3등석은 검문이 까다롭지만 2등석은 비교적 관대했기 때문이다.

가면서 생각하니 둘 다 러시아어를 전혀 할 줄 몰랐다. 실행에 옮기기까지 여러 정보가 필요한데 러시아어를 할 줄 모르면 차질이 생길 수 있었다. 쑤이펀허 역에서 한 시간 9분이나 정차했다 출발하니까 그 시간에 통역을 구하기로 했다.

저녁 9시 25분에 쑤이펀허 역에 도착하여 세관의 검사를 무난히 통과했다. 나는 역 앞에서 한의원을 하고 있는 한의사 유경집에게 가 아들 유동하를 불러냈다.

"가족이 하얼빈으로 온다고 해서 마중을 가는 중인데 러시아 말을 몰라서 답답하니 자네가 함께 가서 통역도 해주고 여러 가지 일을 주선해줄 수 있겠나?"

그랬더니 유동하가 대답했다.

"저도 아버지 심부름으로 약재를 구하러 하얼빈에 가야 하는데 잘 됐습니다."

우리 셋은 쑤이펀허 역에서 하얼빈까지 가는 표를 세 장 사서 기차에 올랐다.

하얼빈에 도착한 건 다음 날인 10월 22일 밤 9시 15분이었다. 한국 민회 회장이면서 러시아 국적을 가진 김성백이 운영하는 여관에서 숙박하기로 했다. 김성백의 동생과 유동하의 여동생은 서로 약혼해서 사돈 간이기도 했다. 김성백은 동흥학교에서 한국인들에게 러시아어를 가르치고 있었다. 그날 밤 나와 우덕순은 같은 방에서 자고 유동하는 따로 방을 썼다.

10월 23일 아침, 신문 「원동보」를 보니 10월 26일 아침에 이토가 하얼빈에 온다고 써 있었다. 특별열차를 이용하여 10월 25일 밤 11시에 창춘长春 역을 출발하여 러시아 재무장관 코코프체프가 기다리는 하얼빈 역으로 온다는 기사였다. 문제는 하얼빈 역에 몇 시쯤 도착하느냐였다. 통역을 위해 데려온 유동하는 열여덟 살로 나이도 어린 데다 러시아어도 유창하지 않아서 정보 수집이 쉽지 않았다. 우덕순과 의논하여 통역을 한 명 더 구하자는 데에 합의를 보았다.

조도선이 하얼빈에서 세탁소를 차리려고 한다는 이야기를 들었던 터라 그의 거처를 수소문하여 우덕순과 찾아갔다. 가족을 만나러 남쪽으로 가는 길인데 같이 가자고 했더니 그러겠다고 했다. 저녁에 김성백네 여관으로 와달라고 했다.

통역할 사람도 구했으므로 문제 하나가 해결된 셈이다. 나와 우덕순과 유동하는 하얼빈 역에 가서 남행 열차 시간을 확인하고 시내를 둘러보다가 마침 사진관이 보이기에 셋이 기념사진을 찍었다.

그날 밤도 김성백네 여관에서 자기로 했다. 저녁을 먹고 나서 유동하를 조용히 불렀다. 아무래도 여비가 부족할 것 같으니 동흥학교로 가서 김성백에게 50원만 빌려 오라고 보냈다. 그런 심부름을 한 적이 없었을 유동하는 당황한 듯 얼굴이 굳었다. 대답을 하지 않은 채 고개만 숙이고 있었다.

"블라디보스토크의 대동공보사 측에 이야기해서 50원을 김성백에게 보내겠다고 하게."

"네, 알겠습니다."

유동하는 내키지 않는 얼굴로 일어나 나갔다. 한의사 아버지 밑에서 어려움 없이 살아왔을 열여덟 살 유동하에게 돈을 빌리는 일은 퍽 곤란한 일이었을 것이다. 더욱이 상대가 사돈이 아닌가. 미안하고 착잡한 마음에 시 한 편을 읊었다.

장부가

장부가 세상에 처함이여 그 뜻이 크도다.

때가 영웅을 지음이여 영웅이 때를 지으리로다.

천하를 응시함이여 어느 날에 업을 이룰꼬.

동풍이 점점 참이여 장사의 의기가 뜨겁다.

분개히 한 번 감이여 반드시 목적을 이루리로다.

쥐도적 이토여 어찌 즐겨 목숨을 비길꼬.

어찌 이에 이를 줄을 헤아렸으리오. 사세가 고연하도다.

동포, 동포여 속히 대업을 이룰지어다.

만세, 만세여 대한 독립이로다.

만세, 만만세여 대한 동포로다.

얼마 있다 유동하가 돌아왔는데 돈을 빌려 오지 못했다. 걱정으로 잠을 이루지 못하고 밤을 지샜다.

다음 날 아침 우덕순, 조도선, 유동하와 함께 블라디보스토크 정거장으로 가서 남청열차가 교차하는 정거장이 어디냐고 물었더니 지야이지스고蔡家溝 역이라고 했다.

유동하를 하얼빈으로 돌려보내고 우덕순, 조도선과 열차를 타고 지야이지스고 역으로 갔다. 일단 여관을 잡은 다음 역의 안내원에게 기차가 몇 번 오가는지를 물었다.

"매일 세 번씩 왕래하는데 오늘 밤에는 특별열차가 하얼빈에서 창춘으로 갔다가 일본 대신 이토를 태우고 모레 아침 6시에 여기에 도착할 겁니다."

지야이지스고 역에 직접 와보기를 잘했다는 생각이 들었다.

'모레 아침 6시쯤이면 아직 날이 밝기 전이니 이토가 이 정거장에 내리지 않을지도 모른다. 설령 이토가 열차에서 내려 시찰한다고 해도 어둠 속이라 진짜인지 가짜인지 분간할 수가 없을 것이다. 더구나 내가 이토의 모습을 모르는데 어찌 일을 치를 수 있을까.'

창춘 상황은 어떤지 가보고 싶었지만 여비가 부족해서 마음대로 움직일 수도 없었다. 유동하에게 전보를 쳤다.

우리는 여기에 하차했다.
만일 그곳에 긴급한 일이 있거든 전보를 쳐주기 바란다.

저녁 무렵에 유동하에게 전보가 왔는데 이렇게 적혀 있었다.

명조래차明朝來車.

이토 히로부미가 하얼빈에 내일 아침에 온다는 이야기만 있을 뿐 자세한 시간이 적혀 있지 않았다.

우덕순에게 말했다.

"우리가 이곳에 같이 있는 것은 좋은 방법이 아닌 것 같네. 첫째는 돈이 부족하고, 둘째는 유동하의 답전이 부정확하고, 셋째는 이토가 내일 아침 새벽에 여기를 지나갈 터인즉 일을 치르기가 어려울 것이기 때문이네. 만일 내일의 기회를 잃어버리면 다시는 일을 도모하기 어려울 거야. 그러므로 자네는 여기에 머물며 내일의 기회를 기다려 틈을 보아 행동하고, 나는 오늘 하얼빈으로 돌아가 실행에 옮기겠네. 자네와 내가 두 곳에서 기회를 엿보면 그만큼 성공 가능성이 높아질 걸세. 만약 두 곳에서 다 뜻대로 되지 않는다면 다시 여비를 마련한 다음 상의해서 거사하는 것이 가장 완전한 방책 같네."

두 사람을 지야이지스고에 두고 혼자 기차를 타고 하얼빈으로 돌아왔다. 유동하를 만나 왜 정확한 시간을 적지 않았느냐고 추궁하자 화를 내면서 나가버렸다.

그날 밤도 김성백의 여관에서 자기로 했다. 잠자리에 들기 전에 여러 신문에서 입수한 정보를 토대로 거사 동선을 만들었다. 권총과 실탄도 여러 번 점검했다. 이런 기회는 두 번 다시 오지 않을 것이기에 실수 없이 해치워야만 한다. 성공하든 실패하든 그 자리에서 잡힐 게 분명했다. 어쩌면 총을 쏘기도 전에 검문에 걸릴 수 있다. 그러니 조금의 실수도 있으면 안 된다. 동선을 몇 번이나 체크하고 머릿속에 담아두었다.

다들 자는지 집 안은 조용했다. 내일이 지나면 내 운명이 어찌 될지 모른다고 생각하니 마음이 착잡했다. 그러나 내가 하지 않으면 이 일을 누가 한단 말인가. 일본과 이토가 한국, 중국, 러시아에서 저지르고 있는 이 끔찍한 만행을 이런 방법 말고 어떻게 멈추게 한단 말인가.

1909년 10월 26일, 김성백의 여관에서 이른 아침에 눈을 떴다. 유동하를 불러 앉혀놓고 우덕순과 나의 거사 계획을 밝히면서 성공할 수 있도록 도와달라고 했다. 유동하는 처음엔 깜짝 놀랐지만 이내 함께하겠다고 약속했다. 만약을 대비해 김성백에게 170원을 빌렸다. 그리고 블라디보스토크에 있는 동료들 이강, 유진율, 양성춘 등에게 그간의 경과보고 겸 장차의 계획을 적은 편지 세 통을 유동하에게 주면서 전달하고 오라고 했다. 유동하는 세 곳을 빠르게 다녀왔다.

회색 양복을 입고 모자를 쓴 다음 유동하와 함께 하얼빈 역으로 갔다. 오전 8시가 안 되었는데 러시아 장군과 군인 들이 이토를 맞을 채비를 하며 부산하게 움직이고 있었다. 유동하와 나는 찻집에 들어가서 차를 마시며 열차가 도착하기를 기다렸다. 긴장되고 겁이 나는지 차를 마실 때마다 컵을 든 유동하의 손이 바들바들 떨렸다.

"여보게, 걱정하지 말게. 혹시 모르니 내가 역에 가서 인파들 속에 자연스럽게 섞이는 것까지만 도와주고 자네는 돌아가게. 덕분에 고마웠네. 처음에 솔직하게 말하지 못한 건 미안하네."

"아닙니다. 평소에 아버지로부터 선생님 이야기를 듣고 존경해왔는데 미력하나마 보탬이 되어서 기쁩니다."

어느새 9시에 가까워지자 이토 일행을 맞기 위한 정식 환영단과 일반 구경꾼들이 역 구내에 가득 찼다. 열차가 도착할 시간이 가까워져서 찻집을 나와 군중들 속으로 들어갔다.

러시아 헌병들이 군중들 사이를 다니며 신분을 검문하고 있었다. 필시 나한테도 헌병이 말을 걸어올 것 같았다. 말을 주고받다가 내가 한국인이라는 사실을 알게 되면 요주의 인물로 나를 격리시킬 게 분명했다. 큰일이다 싶어서 자리를 피하려는데 나에게 점점 다가오는 헌병에게 유동하가 러시아어로 뭐라고 하는 것 같았다. 그러자 헌병이 다른 사람에게 갔다.

9시가 되자 더는 검문하지 않았다. 그곳에 계속 있다가 이번 일에 연루될 수 있으므로 어서 김성백의 집으로 돌아가라고 유동하에게 말했다. 곧 무슨 일이 벌어질지 알고 있는 유동하는 하얗게 질린 얼굴로 시야에서 멀어졌다. 지난 며칠 동안 있었던 일과 오늘의 일이 차후 유동하에게 어떤 나쁜 영향도 미치지 않기를 마음속으로 빌었다.

드디어 이토가 탄 열차가 선로로 들어와 멈추었다. 대기하고 있던 러시아 재무장관 코코프체프가 열차 안으로 들어가 이토 히로부미 일행이 앉아 있는 곳으로 갔다. 두 사람은 30분 정도 대화를 나누었다. 그 시간이 하루처럼 길게 느껴졌다. 당장이라도 열차 안으로 뛰어 들어가 이토를 사살하고 싶은 충동을 참았다. 마침내 코코프체프의 안내를 받으며 이토가 열차에서 내렸다. 러시아 군인들이 일제히 경례를 하고, 이어서 군악대의 요란한 연주가 시작되었다. 그걸 보면서 플랫폼에 서 있던 일본인 환영단이 일장기를 흔들며 환호했다.

"반자이(만세)!"

"반자이!"

그 순간 분한 생각이 북받쳐 화가 솟구쳤다.

'어째서 세상일이 이렇게 공평하지 못한가. 이웃 나라를 강제로 침략하고 사람들을 참혹하게 해친 자는 마치 세상을 구한 영웅이라도 되는 듯 환영을 받고 있구나.'

나는 주머니에 있는 권총을 다시 한 번 확인하고 심호흡했다.

'하느님, 하늘이시여!'

나는 군대가 도열해 있는 뒤로 가서 몸을 숨겼다. 러시아 측 관리들이 호위하며 오는 맨 앞 가운데에, 누런 얼굴에 흰 수염을 한 작은 키의 늙은 남자가 의기양양한 모습으로 걸어오는 게 보였다.

'저놈이 필시 늙은 도적 이토겠구나.'

그때까지 이토의 얼굴을 본 적이 없어서 정확하게 누가 이토인지는 알 수 없었지만 행동거지나 주변 사람들의 태도로 보아 짐작이 되었다. 이토는 의장대를 사열하고 외국 영사단 앞으로 가 인사를 받기 시작했다. 나는 러시아 군대 뒤에 계속 숨어서 기회를 엿보았다.

마침내 이토와 내가 불과 열 보만큼의 거리가 되었다. 때가 왔다는 걸 직감했다.

의장대 사이에서 권총을 뽑아 들고 이토의 오른쪽 가슴을 향해 총을 쏘았다. 총소리가 군악대의 연주 소리에 묻혀 들리지 않았다. 심호흡을 하고 다시 방아쇠를 당겼다. 이토가 가슴을 부여잡고 몸을 휘청했다. 그제야 사람들이 웅성거리며 사방으로 흩어졌다. 다시 방아쇠를 당겼다. 이토가 피를 흘리며 고꾸라졌다. 순간 '저 늙은이가 이토가 아니면 어떻게 하지?' 하는 생각이 들었다.

이토로 의심되는 남자 주변의 네 사람에게 각각 한 방씩 총을 쏘았다. 그러나 그들 모두 무죄한 사람일 수 있다는 생각에 총을 쏘는 손이 흔들렸다. 그러는 사이에 순식간에 헌병들이 달려들었다. 나는 하늘을 향해 큰 소리로 외쳤다.

"코레아 우라(대한민국 만세)! 코레아 우라! 코레아 우라!"

동양의 평화를 위해 쏘았소

"코레아 우라!"

세 번째 외침이 끝나기도 전에 러시아와 일본 헌병들이 일제히 나에게 달려들었다. 손에 쥐고 있던 권총은 그 바람에 어디론가 날아가버렸고 나는 그 자리에 나뒹굴고 말았다. 군인들이 저마다 나를 잡으려고 손을 뻗어 어느 결에 바지가 찢어졌고 양복 상의 단추가 떨어져 나갔다. 나는 그 와중에도 이토가 서 있던 곳을 보려고 안간힘을 썼다. 이토가 과연 죽었는지 아니 곧 죽을 것인지 궁금했다. 몸을 비틀어 이토 쪽을 바라보니 사람들이 이토를 부축해 열차 쪽으로 가고 있었다.

'저자가 죽어야 하는데……'

혹여 이토가 죽지 않을까 봐 신경이 곤두섰다. 그 자리에서 나는 러시아 군인들에게 체포되어 하얼빈 역에 있는 러시아 헌병분파소로 끌려갔다. 헌병들이 내 몸을 샅샅이 뒤졌다. 권총은 체포될 당시 이미 빼앗긴 상태였다. 조사실에 앉아 있자니 러시아 검사가 통역과 같이 와서 이름과 국적, 주소 등을 확인하고 왜 이토에게 총을 쏘았는지를 물었다.

"이토 히로부미는 우리 대한의 독립적인 주권을 침탈한 원흉이며 동양 평화를 해친 자이므로 한국의 군인 자격으로 총살한 것이오. 안중근 개인의 자격으로 사살한 것이 아니란 말이오."

러시아 검사가 물었다.

"이토를 저격한 후 자살할 생각은 없었나?"

"나는 동양의 평화와 조국의 독립을 위하여 이토를 타도한 것인데, 이토 하나 죽였다고 해서 만족하거나 앞으로의 추궁이 무서워서 스스로 목숨을 끊을 생각은 없소. 내가 실패할지라도 제2, 제3의 용사가 속출할 것이오."

"이번 일에 가세한 동지는 몇 명이오?"

"내 동지는 우리 동포 전체인 2000만 명이오. 그러나 나의 이번 의거는 단독 행동이었소. 혼자 계획하고 혼자 했다는 말이오."

조사를 마치고 저녁에 헌병이 빵과 물을 가져다주었다. 그때 잠깐 포박을 풀어주었다가 빵을 다 먹고 나자 다시 나를 묶었다. 얼마나 시간이 흘렀을까. 시계를 볼 수 없어 몇 시인지는 모르겠지만 밤 9시는 족히 되었을 시간에 러시아 헌병 장교가 나를 마차에 태우더니 어디론가 데리고 갔다. 일본영사관이었다.

왜 나를 자신들이 심문하지 않고 일본에 넘기는 것인가 의아했지만 금방 이해가 되었다. 일본의 거물 이토를 죽였으니 일본에서 나를 직접 조사하기를 원했을 테고, 러시아는 일본의 위세에 눌려 거부하지 못했을 것이다.

나는 영사관 지하에 있는 감옥에 갇혔다. 영사관 고위직으로 보이는 사람이 나를 심문했다. 다른 일행도 모두 잡혔다고 했다.

질문은 러시아 검사가 했던 것과 크게 다르지 않았다.

"왜 이토에게 총을 쏘았나?"

나는 그 이유에 대해 수십 가지도 댈 수 있었지만 그들은 마치 총을 맞을 이유가 하나도 없는 사람이 총을 맞았으니 그 이유를 알아야겠다는 투였다.

영사관에서 그렇게 며칠 있는데 미조부치 다카오溝淵孝雄라는 이름의 검사가 조사실로 들어왔다.

그는 관동도독부 고등법원의 검사인데 이번 사건을 맡아 뤼순에서 하얼빈까지 왔다고 했다. 러시아에서 한국인이 일으킨 사건인데 왜 일본이 조사하느냐고 묻자 미조부치 검사는 1905년 11월 17일에 체결한 한일보호조약(을사5조약)에 의해 한국인의 보호와 수사 등에 관한 권리는 대외적으로 일본에 있다고 했다. 한국의 주권을 일본이 가지고 있다는 사실이 새삼 증명된 것이다.

이때부터 통역은 한국통감부에서 파견된 소노키園木라는 일본인이 했다. 일본영사관에는 나 말고도 우덕순, 조도선, 유동하가 잡혀 와 있었다. 미조부치 역시 나와 마주 앉자마자 이토를 죽인 이유를 물었다.

"이토를 왜 죽였소?"

"이토를 죽인 이유를 모른단 말이오? 그의 죄를 대라면 수십 수백 수천 가지를 댈 수 있지만 열다섯 가지만 말하겠소.

첫째, 명성황후를 시해한 죄요

둘째, 한국 황제를 폐위시킨 죄요

셋째, 5조약과 7조약을 강제로 체결한 죄요

넷째, 무고한 한국인들을 학살한 죄요

다섯째, 정권을 강제로 빼앗은 죄요

여섯째, 철도, 광산, 산림, 천택을 강제로 빼앗은 죄요

일곱째, 제일은행권 지폐를 강제로 사용한 죄요

여덟째, 군대를 해산시킨 죄요

아홉째, 교육을 방해한 죄요

열째, 한국인들의 외국 유학을 금지시킨 죄요

열한째, 교과서를 압수하여 불태워버린 죄요

열두째, 한국인이 일본인의 보호를 받고자 한다고 세계에 거짓말을 퍼뜨린 죄요

열셋째, 현재 한국과 일본 사이에 경쟁이 쉬지 않고 살육이 끊이지 않는데, 한국이 태평 무사한 것처럼 위로 천황을 속인 죄요

열넷째, 동양 평화를 깨뜨린 죄요

열다섯째, 일본 천황의 아버지 태황제를 죽인 죄라,

이 중에 가장 큰 죄는 동양의 평화를 깨뜨린 죄요."

다 듣고 난 미조부치의 얼굴에 당황하는 기색이 역력했다.

"당신의 진술을 들으니 당신은 참으로 동양의 의사라 할 수 있겠소. 당신은 국가를 위해 의로운 일을 했으니 절대로 사형을 받지는 않을

것이오. 걱정하지 마시오."

그 말에 기분이 좋지 않았다. 왜 한국인인 내 목숨을 일본 놈들이 죽이니 살리니 한단 말인가. 그들이 살려준다 해도 감사할 일도 아니고 목숨을 구걸할 일은 더더욱 아니었다.

"내가 죽고 사는 것은 논의할 필요가 없소. 단지 내가 왜 이토를 죽였는가는 빨리 일왕에게 전하시오. 이토 히로부미가 지금까지 해온 잘못된 정략을 고쳐 동양 전체의 위기를 바로잡아야 하오."

"당신과 함께 이 일에 가담한 사람들이 이곳에 잡혀 와 있소."

"나 혼자 이 일을 했는데 누가 와 있단 말이오?"

"그들도 이번 일을 자신들은 몰랐다고 하지만 차차 사실을 말하게 될 것이오. 이곳에 당신이 오기 전에 이미 당신 아내 김아려와 자식들이 다녀갔소."

미조부치가 서류 안에서 사진을 한 장 꺼내 내밀었다. 아내와 아이들이 함께 찍은 사진이었다. 나도 모르는 사진을 갖고 있어서 어리둥절해하고 있으니까 미조부치 검사가 말했다.

"당신이 하얼빈에서 체포된 다음 날 당신 가족이 정대호와 함께 김성백의 집에 도착했다더군. 정대호가 당신 부탁으로 한국에서 당신 가족을 블라디보스토크까지 데리고 왔다는 이야기를 당신 아내에게 들었소. 원래는 10월 26일 전에 도착하려고 했는데 일정에 차질이 생겨서 늦었다더군. 내가 도착하기 전에 영사관 직원들이 데리고 와서 몇 가지 물어봤다 하더이다. 그때 찍은 사진이오. 당신 가족은 다시 고향으로 돌아갔으니 걱정 마시오."

미조부치는 사진을 여러 장 찍었으니 한 장 가져가도 좋다고 했다. 아이들의 얼굴을 보니 가슴이 뜨거워졌다. 어린아이들을 데리고 먼 길을 왔다가 황망한 소식을 듣고 돌아갔을 아내에게 죄스럽고 미안한 마음이 차올랐다.

심문이 끝나고 지하 감옥에서 며칠을 보냈다. 미조부치가 다녀가고 4, 5일쯤 지났을 때였다. 영사관 직원들이 와서 내 손을 쇠사슬로 묶더니 벽에 세워놓고 사진을 찍었다. 그리고 나를 데리고 영사관 밖으로 나가면서 한마디 했다.

"오늘 뤼순 형무소로 갈 거요."

영사관 밖으로 나오니 우덕순, 조도선, 유동하, 정대호, 김성옥(동흥학교 교장)이 나처럼 결박을 당한 채 마차에 오르고 있었다. 내가 모르는 사람 세 명도 그 안에 섞여 있었다.

우리 일행의 호송을 맡은 일본 헌병들과 함께 하얼빈 역에서 기차를 탔다. 기차역에서부터 헌병 한 명이 내 옆에만 붙어 있었다. 나를 지키고 감시하는 게 그에게 주어진 임무 같았다.

다른 헌병들은 잡담도 하고 가끔 졸기도 했지만 이 헌병은 앉은 자리에서 허리를 꼿꼿하게 세운 채 조금의 흔들림도 없었다. 한눈에 보기에도 책임감이 강한 군인이라는 걸 알 수 있었다. 그와 눈이 마주치기도 했는데 나에 대한 적의가 상당하다는 게 느껴졌다. 군인으로서의 임무에 자부심을 가지고 있다면 자기 나라 영웅을 해친 나를 죽이고 싶은 증오심도 있을 거라는 생각이 들었다. 더욱이 그에게는 총이 있

었으니 분을 참지 못하고 나를 쏘아 죽인대도 어쩔 수 없다고 생각했
다. 다른 헌병들이 그를 "지바!"라고 불렀다. 지바 헌병은 가는 내내 나
에게 아무 말도 붙이지 않았다.

창춘 헌병소에 도착해 하룻밤을 보내고 다음 날 다시 기차를 타고
한참을 달려 어느 역에 도착했다. 기차가 도착하자마자 일본 순사가
우리가 앉아 있던 기차간으로 성큼성큼 걸어왔다.

다들 그를 쳐다보고 있는데 내 앞으로 오더니 그가 물었다.

"당신이 안중근인가?"

"그렇소."

그러자 내 대답이 끝나기가 무섭게 내 뺨을 주먹으로 갈기는 게 아
닌가.

"뭐하는 짓이오!"

내가 욕을 하며 소리쳤다. 지바 또한 놀랐는지 자리에서 벌떡 일어
나서는 그를 기차에서 데리고 나갔다.

금방 다시 돌아온 지바가 나에게 말했다.

"일본이든 한국이든 이렇게 무례한 사람이 있는 법이오."

그가 나에게 처음 한 말이었다. 지바는 나에 대한 증오심은 있어도
사적인 감정이나 복수심으로 나에게 해코지할 만큼 충동적인 사람은
아니었다. 그가 비교적 정직하고 사리 분별이 있는 군인이라는 판단이
들었다.

기차에서 내리니 그곳이 뤼순이라고 했다. 1909년 11월 3일이었다.
우리를 뤼순 형무소에 인계하고 지바 도시치를 포함한 헌병들은 자신

들이 소속된 관동도독부로 돌아갔다. 우덕순, 조도선, 유동하와 나는 서로 다른 감방에 수감되었다.

형무소에 도착한 다음 날 형무소장이 자기 방으로 나를 불렀다.

"선생, 나는 이곳의 총책임자인 구리하라 사다키치栗原貞吉 형무소장이오."

그는 내가 미조부치와 주고받은 내용을 이미 아는 듯 곧장 이렇게 물었다.

"이토를 죽인다고 동양의 평화가 회복될 거라고 생각하오?"

나는 말했다.

"이토가 많은 전쟁을 일으켜 동양의 평화를 깨뜨린 것은 맞지만 이토가 죽는다고 당장 달라지진 않겠지요. 그러나 일본과 이토가 저지른 짓이 동양의 평화를 깨뜨린 짓이었다는 사실은 세계에 알려질 것이오. 게다가 한국이 자발적으로 일본에 국권을 내준 것이 아니라는 사실을 이번 기회에 알릴 수 있었으니 국제적으로 비난을 피해 갈 순 없지 않겠소?"

"사실 오늘 일본에서는 이토 장례식이 있소. 일본 최초로 국장으로 치러질 것이라는 소식입니다. 대체 당신이 생각하는 동양의 평화는 무엇이오?"

"내가 당신을 때리지 않을 테니 당신도 나를 때리지 말라는 것이오. 힘의 논리로 힘센 나라가 자신들보다 약한 나라를 침략하여 빼앗는 것을 당연시한다면 일본 역시 다른 힘 있는 나라에게 한국과 같은 비극을 겪게 될 것이오. 개인이든 국가이든 자신들이 당하고 싶지 않은 일은 다른 나라에도 하지 않으면 되오. 내가 생각하는 평화란 그뿐이오."

구리하라가 잠자코 고개를 끄덕였다. 그리고 혼잣말을 하듯 중얼거렸다.

"평화라…… 좋은 말입니다. 내가 비록 형무소장이긴 하지만 나는 평화주의자입니다. 그나마 다행인 건 이곳에 수감되어 있는 사람 대부분이 그들의 자유와 평화를 지키기 위해 투쟁하다 잡혀 온 사람들이라는 겁니다. 어떤 면에서 나는 그들의 신념과 사상을 존중하오."

그날부터 구리하라와 자주 대면하면서 많은 이야기를 주고받았다. 자기 생각을 솔직하게 이야기하지 않아서 잘은 모르겠지만 나에게 호감을 가지고 있는 것만은 분명했다.

구리하라의 영향 때문일까. 형무소 관리들도 나에게 친절하게 대해주었다. 심지어 담배에 불을 붙여 감방 안으로 몰래 넣어주고 가는 간수도 있었다. 한국에서 본 일본인들은 한결같이 잔인하고 흉포했는데 어떻게 이곳에서 만난 일본인들은 이렇게 점잖고 인심이 후한가 어리둥절했다.

다음 날, 하얼빈에서 뤼순까지 나를 호송한 지바 도시치가 다시 왔다. 그를 형무소에서 다시 보자 반가운 마음이 들었다. 지바 도시치는 원래 뤼순에 있는 관동도독부 지방법원 소속 헌병 상사인데 이번 사건이 중대해서 특별히 나를 전담하기 위해 형무소로 차출되었다고 했다. 그는 여전히 나를 바라보는 시선이 좋지 않았다. 나를 노려보는 눈빛이 '조심해, 나는 언제든 당신을 죽일 수 있어'라고 말하는 것만 같았다. 그의 그런 태도가 충분히 이해되었다. 군인이라면 자기 나라와 국민을 위해 목숨을 걸 수 있어야 한다. 나 역시 의군과 의병장의 자격으로 이토를 사살한 것이기 때문이다.

세상이 주목하는 죄수가 되어

구리하라 형무소장의 말대로 뤼순 형무소에는 많은 정치범들이 잡혀 왔다. 거의 대부분 일본의 제국주의 침략 정책 때문에 고초를 겪고 있는 나라의 사람들이었다. 애국적 차원의 반일 투쟁으로 잡혀 온 사람들이었기 때문에 형무소 내의 관리들로서는 그 자체만으로도 경계하고 탄압해야 하는 대상이었던 셈이다.

뤼순 형무소는 원래 러시아에서 중국인들 제압용으로 조성한 감옥이었는데 러일전쟁에서 일본이 이긴 후 1907년에 시설을 증축하여 일본인들이 형무소로 사용하고 있었다. 구리하라 형무소장의 말에 의하면, 감방이 이백여 개나 되고, 중형 수감사들의 독방 네 개와 중환사 수감자들을 위한 방이 열 개 있었다. 노동을 하는 작업장도 있었다.

반일 인사들이 들어오는 만큼 형무소 측에 고분고분하지 않은 사람들이 많아서 강도 높은 고문과 식사량 조절, 노동력 차별 적용으로 수감자들을 길들이고 있었다. 내 경우 특별 대우를 받아 밥의 양으로

차별을 받지 않았지만 다른 수감자들은 여섯 개의 등급으로 나뉜 밥
그릇에 밥을 받았다. 문제를 일으키거나 저항하는 사람은 가장 작은
크기의 밥그릇에 밥이 왔다.

각 감방마다 안에 변기통이 있어서 악취도 심각했다. 예닐곱 명이
함께 사용하는 건 기본이고 열 명 넘는 사람들이 한 방에서 생활하기
도 해서 냄새는 물론이고 위생 상태도 몹시 나빴다.

수감자들이 가장 두려워하는 곳은 고문실이었다. 그곳에는 물고문
을 할 수 있는 시설과 태형을 가할 수 있는 형구와 온갖 종류의 채찍
이 있었다. 그곳에서 고문을 받게 되면 누구라도 자백하게 되고 없는
죄도 시인할 수밖에 없었다.

얼마 있다 나는 감방들로 이루어진 건물에서 별도로 지어진 독방으
로 옮겨졌다. 내가 온 뒤 구리하라가 별도로 지시해 새로 지은 작은 1층
건물에는 내 감방과 간수사무실이 나란히 있었다. 11월의 추운 날씨에
수감자들이 고생하며 지은 방에 들어앉아 있자니 죄를 지은 듯 송구
스러웠다. 나를 전담하는 간수는 법원에서 파견 나온 지바 도시치와
형무소 내의 다나카田中 간수였다. 두 사람은 당연히 나한테 호의적이
지 않았다. 두 사람이 작당하여 한밤중에 내 방에 들어와 나를 암살
한다고 해도 전혀 이상할 게 없었다.

형무소 내에서 나한테 가장 친절한 사람은 그만큼의 영향력도 있
는 구리하라 형무소장이다. 일주일에 한 번씩 목욕을 할 수 있도록 해
주는가 하면 하루에 두 번 자기 방으로 불러서 양과자와 양담배를 주
었다. 매끼 식사로 하얀 쌀밥을 주었고, 감방 안에서 떨지 않도록 두툼

한 내복과 솜이불도 주었다.

　그렇게 거의 매일 구리하라의 방에 들락거리게 되니 대화도 많아졌다. 그는 나의 동양평화사상에 관심이 많았다. 하루는 그가 이런 말을 하기도 했다. 내가 이토를 사살함으로써 일본이 한국의 국권을 강제로 침탈한 사실이 드러났으며, 일본 정부가 나를 어떻게 처리할 것인가에 대하여 많은 나라들이 지켜보고 있다는 것이다. 그래서 일본으로서는 이러지도 저러지도 못한다고 했다. 사형을 시키자니 국제 여론이 일본을 비난할 것이고, 살려두자니 독립 정신이 고취되어 향후 한국에 대한 일본의 지배력이 약화될 것을 우려하고 있다고 했다.

　구리하라에게 내가 물었다.

　"형무소장 생각은 어떻소? 내가 사형당할 것 같소?"

　구리하라가 대답했다.

　"형무소장으로서의 내 견해로는 사형 판결이 나지 않을 것 같소. 사상범이나 정치범에게는 일반적으로 사형이 선고되지 않는 법이오. 일전에 미조부치 검사와도 잠깐 그 문제를 놓고 의견을 나누었는데, 미조부치 검사 의견도 나와 같았소. 당신이 한 일은 정치적 신념을 가지고 한 일이고 국제 여론 역시 당신을 의사義士로 보는 시선이 지배적이므로 사형 판결을 내리긴 어렵다는 것이었소. 그러나 문제는 우리 정부가 어떻게 생각하는지일 것이오."

　거의 매일 이루어진 구리하라와 나의 대화는 나에 대한 지바 도시치와 다나카의 적개심을 불식시키는 역할을 했다. 두 사람은 교대로 나를 데리고 구리하라에게 가면서 우리 대화를 자연스레 참관하게 되

159

었다. 그러면서 나에게 막연히 갖고 있던 증오심이 자신들의 편견과 맹목적인 애국심 때문이었다는 생각을 하게 된 것 같았다. 하루는, 구리하라 소장과 동양 평화에 관한 이야기를 나눈 뒤 내 방으로 돌아오는데 지바 도시치가 말했다.

"내가 선생님에 대해 오해를 한 것 같습니다. 선생님이 우리나라 총리를 죽였다는 사실에 군인으로서 참을 수 없는 분노를 가졌습니다. 그런데 그동안 형무소장님과 나누는 대화를 지켜보면서 선생님의 행동이 개인적 차원의 복수가 아닌 동양 전체의 평화를 위한 결단이었다는 걸 알게 되었습니다. 저는 군인으로서 우리 일본을 위해 언제든 죽을 각오가 되어 있지만, 일본의 이익과 영달을 위해 다른 국가를 침략하고 사람들을 살상하는 것에는 마음이 괴로웠습니다."

"나의 평화주의를 깊이 이해해주시니 고맙소. 당신 말대로 자국의 이익을 위해 타국을 침탈하는 것을 죄로 여기지 않는다면 일본 또한 힘 있는 나라에 의해 언제든 불행한 상황에 처할 수 있다는 것을 일본 정부는 인식해야만 하오."

"그동안 선생님께 불손하게 대했다면 용서하십시오. 그리고 다나카도 이미 저와 같은 생각을 하고 있으니 앞으로 우리로 인해 선생님이 불편함을 느낄 일은 없을 겁니다."

"지바 도시치 헌병, 나는 당신이 군인이므로 군인의 임무에 충실하느라 나를 경계하고 적의를 가진 것에 불만이 전혀 없었소. 당신은 당신의 할 일을 성실하게 이행하고 있기 때문이오. 그런데, 그럼에도 불구하고 당신과 다나카 간수가 나의 뜻을 이해하고 호의를 베풀어준다면 참으로 감사하오. 우정이 만들어질 수 없는 관계에서 우정이 싹트는 것이야말로 평화의 정신이기 때문이오."

"선생님 같은 분을 모실 수 있어서 영광입니다. 앞으로도 귀한 말씀을 많이 듣게 되기를 바랍니다."

이날 이후로 두 간수와 이야기를 주고받는 시간이 많아졌다. 두 사람은 번갈아가며 나를 챙겨주었고 자신들의 담배를 자주 넣어주었다. 형무소 내의 다른 수감자들은 열악한 환경에서 엄청난 양의 노동에 시달리고 있는데 나만 편안히 독방에서 특별 대우를 받고 있다는 사실이 마냥 편치는 않았다.

뤼순에 수감된 지 11일이 지난 11월 14일, 미조부치 검사가 한국어 통역관 소노키와 함께 감옥으로 와서 다시 심문을 시작했다. 이날부터 심문이 다시 시작될 거라는 걸 이미 알고 있었기 때문에 심문의 편의를 위하여 미리 '이토의 죄목 15개항'과 이토를 죽이려고 한 이유를 적은 '안응칠 소회'를 검찰에 제출했다.

안응칠 소회

하늘이 사람을 내어 세상이 모두 형제가 되었다. 각각 자유를 지켜 삶을 좋아하고 죽음을 싫어하는 것은 누구나 가진 떳떳한 정이라. 오늘날 세상 사람들은 이 시대를 의례히 문명한 시대라 일컫지마는 나는 그렇지 않은 것을 탄식한다. 무릇 문명이란 것은, 동서양의 잘난 사람 못

난 사람 남녀노소를 물을 것 없이 각각 천부의 성품을 지키고 도덕을 숭상하여 서로 다투는 마음이 없이 제 땅에서 편안히 생업을 즐기면서 같이 태평을 누리는 이것을 가히 문명이라 할 수 있다.

그런데, 오늘의 시대는 그렇지 못하여 이른바, 상등 사회의 고등 인물들은 의논한다는 것이 서로 경쟁하는 것이오, 연구한다는 것이 사람 죽이는 기계다. 그래서 동서양 6대주에 대포 연기와 탄환 빗발이 그칠 날이 없으니, 어찌 개탄할 일이 아니냐. 이제 동양 대세를 말하면 비참한 현상이 더욱 심하여 참으로 기록하기 어렵다.

이른바, 이토 히로부미는 천하대세를 깊이 헤아려 알지 못하고 함부로 잔혹한 정책을 써서 동양 전체가 장차 멸망을 면치 못하게 되었다. 슬프다. 천하대세를 멀리 걱정하는 청년들이 어찌 팔짱만 끼고 아무런 방책도 없이 앉아서 죽기를 기다리는 것이 옳을까 보냐. 그러므로 나는 생각다 못하여 하얼빈에서 총 한 방으로 만인이 보는 눈앞에서 늙은 도적 이토 히로부미의 죄악을 성토하여 뜻있는 동양 청년들의 정신을 일깨운 것이다.

미조부치는 1월 26일까지 총 11회 심문했다. 11월 26일부터 2월 6일까지 조선통감부에서 파견 나온 사카이境 경시로부터 심문도 13회 받았다. 왜 조선통감부 심문까지 받아야 하는지 물으니 구리하라가 난감해하며 이런 말을 해주었다.

내가 붙잡힌 후 나의 조사권을 두고 일본 내에서 서로 쟁탈전이 불거졌다는 것이다. 관할 관동도독부 뤼순 지방법원 검사인 미조부치 다카오와 한성에서 달려간 아카시 모토지로明石元二郞 헌병사령관 등이 서로 내 사건을 맡겠다고 다퉜다는 것이다. 그러다 당시 외무대신이던 고무라 주타로小村壽太郞의 지시에 의해 역할이 분담되었다고 했다. 이토를 저격한 사건은 뤼순 지방법원에서 맡고, 통감부는 사건의 배경과 함께 한일 병합을 반대하는 세력에 대한 조사를 맡았다는 것이다.

뤼순에서 온종일 열차를 타고 하얼빈의 일본영사관까지 와서 첫 심문을 했던 미조부치는 형무소 안에서 이루어진 심문에서도 나를 대하는 태도가 퍽 친절했다. 심문하는 동안에도 과격한 용어는 단 한 번도 사용하지 않았다. 일본과 이토가 동양에서 저지른 죄악에 대해 한결같은 대답을 했지만 한 번도 거기에 반박하지 않았다. 미조부치는 내가 한국인으로서 할 수 있는 의로운 일을 한 거라고 인정해주는 분위기였다.

그는 나와 이야기하는 걸 좋아해서 정식 심문이 끝난 뒤에도 금방 돌아가지 않고 나와 시간을 보내다 돌아갔다. 그는 늘 이집트 담배를 피웠는데 심문 후에는 내게도 권하여 함께 담배를 피우면서 토론하곤 했다. 그는 내가 한국인으로서의 복수심이 아닌 동양 전체의 평화를 위하여 목숨을 걸었다는 사실에 감동했다.

그런데 심문이 거듭되면서 미조부치의 태도가 달라져갔다. 심문을 하는 내내 나한테 사형이 내려지지 않을 거라는 전제하에서 질문을 던지던 미조부치는 어느 순간부터 내가 한 일이 '사형을 받아 마땅한' 일이라는 논조를 보이기 시작했다. 미조부치의 심경에 변화가 일어난 게 분명했다. 아무래도 일본 정부에서 그에게 압력을 넣고 있는 게 분명했다.

12월 1일, 영국인 변호사 한 사람과 러시아인 한 사람이 면담을 요청해 만났다. 같이 온 통역이 그들의 이야기를 전해주었다. 러시아인은 콘스탄틴 미하일로프 변호사였고, 영국인은 제니 더글러스 변호사로, 나를 변호해주기 위해 뤼순에 왔다고 했다. 내 재판을 위해 젠다오와 러시아령 옌하이저우 지방의 한인 사회에서 변호사 비용을 모금하여 이 두 사람에게 변호를 의뢰했다고 했다. 두 사람은 나에게 변호사 선임 서류를 내밀며 사인하라고 했다. 사인을 하기는 했지만 일본 법원에서 과연 허락해줄까 싶었다.

다음 날, 조선통감부에서 파견 나온 일본 경찰 간부 사카이가 다섯 번째 심문을 위해 나를 찾아왔다. 그가 한국어를 유창하게 했기 때문에 만나면 많은 이야기를 나누곤 했다.

전날의 일에 대해 사카이에게 물었다.

"어제 영국과 러시아 변호사가 여기 왔는데 법원에서 내 담당 변호사로 허락해줄 것 같소?"

"그렇소."

의외로 선선히 수긍해 당황할 정도였다. 변호를 정식으로 받게 되었다니 어쩌면 사형을 받지 않을 수도 있겠다는 생각이 들었다. 구리하라는 내가 정치범이나 사상범에 속하므로 사형을 받지 않을 거라고 했지만 사실 나를 죽이고 살리고는 일본의 손에 달린 게 아닌가. 그런데 변호사를 허용한다는 것은 나에게 변호를 받을 수 있는 기회를 주겠다는 것이니 그만큼 여지가 있다는 이야기였다.

　이 일로 죽을 수도 있다는 걸 각오하고 결행했지만 정식으로 변호사의 조력을 받을 수 있다면 그렇게 하고 싶은 것도 사실이다. 살고 죽고는 차후의 문제이고 변호사를 통해 내 생각을 세상에 알릴 수 있는 기회였기 때문이다. 이토를 죽인 이유를 만천하에 알리지도 못한 채 단순히 살인범으로 기억되고 싶진 않았다. 이제 아홉 살이 되었을 딸 현생이와 여섯 살이 되었을 큰아들 분도, 네 살이 되었을 작은아들 준생이가 자라면서 자기 아버지가 나라를 위해, 나아가 동양 평화를 위해 싸우다 죽어갔다는 사실을 자랑스럽게 생각했으면 좋겠다는 바람이다. 그리고 아이들이 어른이 되었을 때에는 틀림없이 한국이 독립한 뒤이기를 바라고 또 바란다.

나라를 빼앗는 자, 나라를 팔아먹는 자

11월 26일엔 미조부치 검사와의 일곱 번째 심문이 있었다. 그리고 조선통감부에서 파견 온 사카이 경시와의 첫 번째 심문이 있었다. 구리하라 형무소장의 말대로 나에 대한 별도의 조사가 이루어진 것이다. 남의 나라를 통째로 집어삼키려는 놈들은 멀쩡한데 제 나라를 지키고자 한 사람은 이놈 저놈에게 죄인 취급을 받고 있으니 부아가 치밀었다. 나를 대하는 미조부치의 태도를 봐서도 그들이 날 어찌 처리할지 충분히 짐작이 되었다. 나한테 얼마나 시간이 주어질지 모르지만 짧은 내 역사를 남겨두고 가야겠다고 생각했다.

1879년 기묘 9월 2일 대한민국 황해도 해주의 수양산 아래에서 한 남자 아이가 태어나니, 성은 안安이오, 이름은 중근重根, 자는 응칠應七이라고 했다. 성질이 가볍고 급한 편이므로 이름을 중근이라고 하고, 배와 가슴에 검은 점이 일곱 개가 있어 별명이 응칠이라고 했다.

할아버지의 존함은 인수인데 성품이 어질고 무거웠으며 살림이 넉넉했을 뿐더러 자선가로서도 도내에 이름이 유명하셨고, 일찍이 진해현감을 지냈고 슬하에 6남 3녀를 두었다.

장남 태진, 차남 태현, 3남 태훈(나의 아버지), 4남 태건, 5남 태민, 6남 태순이었다.

그 여섯 형제는 모두 글공부를 많이 했고 살림이 넉넉했으며, 그중에서도 나의 아버지는 재주와 지혜가 뛰어나 8, 9세에 이미 『사서삼경』을 통달했고, 13, 14세 때에는 파거 문체인 사륙변려체四六騈麗體를 익혔다.

1909년 12월 13일, 『안응칠 역사』를 쓰기 시작했다. 서두를 이렇게 쓰다 보니 마음이 한없이 무거워졌다. 어쩌다가 나는 힘없는 나라의 백성이 되어 이렇게 남의 땅 형무소에 갇히게 되었을꼬. 그래도 먼저 천국에 가신 아버지를 뵙게 되면 장한 일 하고 왔다고 등을 두들겨주실 거라고 생각하니 마음이 강건해졌다.

아버지가 살아 계셨다면 나에게 무슨 말을 해주었을까. 그건 아마도 '마지막 순간까지 부끄럽지 않게 당당하게 행동하라'일 것이다. 내게 아버지는 아버지이기 이전에 내 삶의 스승이기도 했다. 아버지는 나를 비롯하여 가족들에게 실망을 안겨준 일이 없다. 항상 나라의 안위를 걱정했고, 나라에 위기 상황이 생기면 목숨을 아끼지 않고 앞장섰다. 그런 아버지를 보면서 내가 아버지의 아들인 게 항상 자랑스러웠다. 어렸을 때 아이들과 싸우고 들어오면 아버지는 이런 말씀을 해주셨다.

"때리는 사람도 되지 말고 맞는 사람도 되지 마라. 빼앗는 사람도 되지 말고 빼앗기는 사람도 되지 마라."

그러면서 아버지는 스스로를 지킬 힘이 있으면 나를 지킬 수 있으며, 다른 사람을 보호해줄 수도 있다고 하셨다. 그런데 지금 한국은 스스로를 지켜내려고 하는 이들보다 빼앗으려고 하는 자들에게 붙어서 자기 이득만 챙기려는 사람들이 더 많다. 같은 나라에서 태어났건만 어떤 이는 나라를 팔아먹는가 하면 또 어떤 이는 나라를 빼앗은 자들의 앞잡이가 되어 부귀영화를 누리고 있다. 중국과 러시아 등지를 전전하며 항일 투쟁을 하는 동안 들은 이야기로는 을사5조약 때 찬성표를 던진 다섯 명의 대신들 모두 일본 정부로부터 별도의 하사금을 받았다고 했다. 그것도 모자라 이 다섯 명이 주축이 되어 한일 병합을 빨리 앞당겨달라는 여론을 조성하고 있다고 했다. 한 나라의 최고 대신들이 이럴진대 다른 사람들은 말해 무엇하랴.

하루는 구리하라 형무소장의 방에 갔더니 그가 종이 한 장을 내밀었다.

"어제 새로 들어온 한국인 죄수가 갖고 있던 건데 한국의 일진회 회장 이용구가 순종에게 쓴 한일 합방 청원서라고 하오. 이 일이 알려지자 한국에서는 이용구를 가리켜 '안중근한테 총 맞아 죽을 놈'이라고 욕한다는군요. 궁금하면 한번 읽어보시오."

구리하라가 내미는 종이를 받아 들었다. '한일 합방 청원서'라는 제목이 맨 위에 있었고 글 맨 아래에는 '일진회장 이용구 등 일백만 인 올림'이라고 쓰여 있었다. 일진회라면 한국에서 대표적인 친일 단체가 아닌가. 일전에 산속에서 갑자기 나타나 나에게 폭력을 가했던 이들도 일진회 회원들이었다. 그들은 한국 안팎에서 일본의 앞잡이가 되어 반일 한국인들을 괴롭히거나 정보를 캐내는 일을 서슴지 않았다. 그런 일진회 회장이 쓴 글이라니 무슨 내용일지 뻔했다.

한일 합방 청원서

(……) 그 신의가 태산 같으니 우리가 청국에 망하지 않음이 천황의 성덕 덕분이 아니옵니까. 러시아에 먹히지 않음도 천황의 어지심 덕분이 아니옵니까. 하오나 우리는 오히려 척왜의 기풍을 멈추지 않고 매사에 은혜를 원수로 갚으며 헛되이 일본을 배척하기만 했습니다. 돌이켜 이것을 생각할 때 어찌 금수의 마음이 아니겠나이까.

다행히 이제 우리 여론이 합방으로 기울어짐은 인륜의 도리로서, 일본을 배척함은 하늘에 침을 뱉는 것임을 저절로 깨달은 것이라 할 것이옵니다. 우리 반도는 적이 오면 항복하고 가면 배반하는 술책을 간직함으로써 스스로를 보전할 뿐이었사오나 지금은 그러하지 않사옵니다. 짐을 질 자는 대한국이요, 실릴 자는 일본일 것이옵니다. 이제 그 다툼이 심하지 않은 때 그 국경을 주저 없이 철폐하고 두 이웃의 울타리를 잘라 없앰으로써 두 백성을 자유로이 같은 정치와 같은 교육 아래 살게 하고 한 가지로 동거同居 동치同治의 복리를 누리게 한다면, 형이요 아우임을 어느 누가 쉽사리 분별하겠사옵니까. 하물며 일본의 천황 폐하께서는 지극히 어지시므로 우리 2000만 동포를 잘 보듬어서 동등한 백성으로 받아주실 것이 분명하옵니다. 따라서 신들은 합방을 맺는 것이야말로 단군과 기자 4000년의 불멸의 대천을 일으키고 신라와 고구려 3000리의 강토를 불변의 토대 위에 세우는 바라고 생각합니다. (……)

이 글을 정말 한국인이 썼다니 도저히 믿어지지 않았다. 일진회 작자들은 얼마나 부귀영화가 좋으면 이런 거짓 글을 써댈 수 있단 말인가. 그 부귀영화가 나라를 잃고 얻을 수 있는 것이라면 무슨 의미가 있단 말인가. 이런 자가 한국에서 목숨을 부지하고 있다니 통탄할 일이다.

내 기색을 살피던 구리하라가 조심스럽게 말했다.

"인정하고 싶지 않겠지만 한일 병합은 피할 수 없는 것 같소."

나는 아무 말도 하지 않고 방을 나왔다.

한국의 운명이 어찌 되려고 이용구 같은 작자들이 득세하고 있는지 한숨이 절로 나왔다. 한일 병합이 되면 한국이란 나라는 없어지는 거다. 한국이 일본이 되고 한국인이 일본인이 되는 거다. 개인적인 영달을 위해서라면 나라를 잃는 것쯤 상관없다고 생각하는 사람들 때문에 여기까지 왔다.

사람에게는 도리라는 게 있다. 사람이 만물의 영장이라고 할 수 있는 이유는 삼강오륜을 알기 때문이다. 그러므로 사람이 세상에 처하되 첫째는 몸을 닦고 둘째는 집을 정돈하고 셋째는 나라를 보호하는 것이다. 국민 된 자로서 서로 힘을 합하여 나라를 지키고 보호해야 하는 것이 도리이거늘 오히려 앞다투어 민심을 배반하고 제 욕심과 이익을 위하여 나라를 내놓아도 좋다고 하다니……

12월 말쯤 동생 정근과 공근이 한국 진남포에서 면회를 왔다. 고향을 떠나온 지 3년 만에 만나니 동생들이나 나나 눈시울부터 뜨거워졌다. 동생들은 고향 소식과 가족들 근황을 전해주었다. 어머니 걱정을 많이 했는데 동생들 말이, 어머니는 담대하게 잘 견디고 있으시고, 어머니 역시 내가 형무소 생활을 잘 견뎌주기를 바라신다고 했다.

동생들이 돌아간 뒤 미조부치 검사가 다시 심문을 하러 왔는데 나에게 담배를 권하던 친절했던 그 사람이 아니었다. 그는 느닷없이 언성을 높이는가 하면 내게 주먹질을 하기도 했다. 무엇에 쫓기는 듯 다급해 보이기도 했고 화가 나 있는 것처럼 보이기도 했다. 그러면서 심문 내내 나를 파렴치한 살인범으로 몰고 갔다. 그는 내게서 다른 설명은 들으려고 하지 않았다. 일본과 이토의 죄상을 말하려고 하면 "그 말은 듣고 싶지 않소" 하고 말문을 막았다.

미조부치의 행동으로 보아 공판 결과가 예측되었다. 그는 언젠가부터 내 눈을 똑바로 쳐다보지 못했다. 이것은 필시 굽은 것을 곧게 만들고 곧은 것은 굽게 만들려는 것이다. 사람이 돌변하여 나에게 모욕을 주고 호통을 치는 걸 보니 일본인은 역시 어쩔 수가 없다는 생각에 이르렀다. 미조부치가 돌아간 뒤 분함이 밀려오더니 심한 두통이 왔다. 식욕이 전혀 없어서 며칠 동안 밥을 거의 먹지 않았다.

그 후 한 달쯤 지난 1월 26일, 미조부치 검사가 열한 번째 심문을 하러 왔다. 그가 말했다.

"6, 7일 뒤에 공판이 열릴 거요. 그런데 영국 변호사나 러시아 변호사는 허가되지 않고 이곳의 관선 변호사가 선임됐소."

일전에 왔던 외국인 변호사들이 합리적인 판결을 받아낼 거라고 막연히 기대하고 있던 터에 실망스러웠다. 관선 변호사가 내 변호를 맡을 거라는 이야기는 자기들 마음대로 이 재판을 끌고 가겠다는 뜻이었다.

일주일, 여섯 번의 공판과 사형 선고

검사는 2월 1일에 나에 대해서는 살인, 우덕순과 조도선은 살인 예비, 유동하는 살인 방조의 죄명으로 지방법원에 공판을 청구했다. 지방법원에서는 신속하게 재판부를 구성하여 주임재판장에 관동도독부 지방법원장 마나베 주조眞鍋十藏, 담당검사로는 미조부치 다카오, 관선 변호사로는 미즈노水野와 가마타鎌田, 통역은 소노키로 이루어졌다. 첫 공판일이 2월 7일로 정해졌다. 재판 장소는 관동도독부 고등법원 제1법정이었다.

2월 7일 첫 공판일, 나와 우덕순, 조도선, 유동하는 체포되었던 복장 그대로 마차에 올랐다. 지바 도시치가 나를 호송하여 마차를 끌었다. 법원은 형무소에서 10분 거리에 있었다. 아침 8시에 관동도독부 고등법원 제1법정에 입정했다.

지바의 안내를 따라 법정 안 맨 앞에 앉았다. 우덕순, 조도선, 유동하가 내 옆에 나란히 앉았다. 방청석에는 러시아인으로 보이는 사람

세 명, 내 동생 정근과 공근, 집에서 어머니가 보내주신 안병찬 변호사, 미하일로프 변호사와 더글러스 변호사, 그 외 신문기자를 제외하고는 모두 일본인이었다. 나중에 들은 이야기로는, 우리 공판을 방청하기 위해 이른 새벽부터 사람들이 몰려들었다고 한다. 그래서 번호표를 나눠주어 300명만 들어오게 했다고 했다.

마나베 판사는 피고 네 명의 인정신문에 이어 나에 대한 개별 심문을 했다. 고향을 떠나 3년간 무엇을 하며 지냈느냐고 판사가 물었다.

"나는 목적을 향하여 진행했소. 그 목적이란 첫째는 외국에 있는 동포의 교육이며, 둘째는 의병의 양성이오."

"독립사상은 언제부터 품게 되었소?"

"나의 이 사상은 수년 전부터 갖고 있던 바요. 그러다 최근에 더욱 강하게 느꼈소. 러일전쟁 후 5조약과 그 후 7조약 체결 때일 것이오. 즉 1895년에 일왕 조칙에 동양 평화가 한국의 독립을 위함이라 운운하더니 이토가 내한해서는 일본군을 앞세워 두 조약을 체결하는 걸 보고 그때 이토를 암살해야겠다는 생각을 했소. 다만 이 거사는 대한의군 참모중장의 신분으로 행한 바요. 결코 개인으로 행한 바가 아니거니와 오늘 변변치 못한 이 자리에 피고로 서 있다는 것은 나의 뜻에 크게 배치되는 것이오."

"그 이야기는 필요 없소."

판사는 자기 들을 말만 듣고 다른 말을 할 기회를 주지 않았다. 그 까닭을 알고 있었기 때문에 기회를 봐 이토를 살해한 분명한 이유를 설명하려고 했다. 내가 계속 굽히지 않고 하고 싶은 이야기를 하니 판사가 놀라 재판을 중단하고 자기 방으로 가버렸다.

그러더니 조금 뒤에 다시 출석해 내게 시키지 않은 말은 다시는 하지 말라고 했다. 나는 속으로 이렇게 생각했다.

'마나베 판사는 법률을 몰라서 이렇게 하는가. 아니면 그 또한 이토가 세운 관리라 그러는가. 정녕 지금 일어나고 있는 일이 꿈인가 생시인가. 나는 당당한 대한의 사람인데 왜 나는 일본의 교도소에 갇히고, 일본 법에 따라 재판을 받고 있단 말인가. 내가 언제 일본에 귀화라도 했단 말인가. 판사도 일본인, 검사도 일본인, 변호사도 일본인. 이것이야말로 벙어리 연설회냐, 귀머거리 방청회냐.'

자꾸 말을 막으니 화가 났다. 나는 판사에게 말했다.

"당신 마음대로 하시오. 더는 아무 말도 하지 않겠소."

재판은 오후 1시 반에 재개되었다. 판사가 내게 동지들과 어떻게 공모했는지를 물었다. 나는 혼자 한 일이라고 답했다.

2월 8일 오전, 두 번째 공판이 있었다. 우덕순에게 판사가 살인의 목적을 물었다.

우덕순이 이렇게 대답했다.

"작년 음력 9월 8일에 이토를 살해할 목적으로 안중근과 함께 블라디보스토크를 출발했다. 그 살해 결의는 출발 전날에 안중근이 나를 찾아와 이토 살해 의사를 밝히기에 나 또한 대한 신민으로서 이토를 원수시 하던 바라 즉시 함께하기로 했다."

판사가 우덕순에게 물었다.

"이토를 원수시 하게 된 이유는 무엇인가?"

"왕년에 이토가 한국통감일 때 한일보호조약을 그의 손으로 기초하고 6대신을 강박하여 조인調印케 하였다. 외부대신의 부서副署는 당시 고문이었던 일본인의 날인이었으며, 한국 상하가 동의하지 않는데도 불구하고 5조약 및 7조약을 체결하여 한국의 독립을 해친즉 나의 불공대천의 원수이다. 내가 협약 체결 당시부터 분개하는 마음이 극심했으나 노모가 계시는 등의 이유로 반대 운동을 하지 못하다가 금번에 연내의 목적을 달성키로 결심하고 이토가 어떠한 삼엄한 호위를 받더라도 기필코 소기의 목적을 달성하기를 소망하여 상업용 8연발 단총을 품고 하얼빈에 도착했다. 그다음 날 안중근, 조도선 등과 같이 지야이지스고 역으로 가서 세 사람이 연명하여 「대동공보」에 투서하고, 안은 다음 날 하얼빈으로 돌아가고 나는 조와 함께 거기에 체류하면서 이토의 도착을 기다렸다."

우덕순에 이어서 조도선의 심문이 시작되었다. 어떻게 이 사건에 합류하게 되었는지를 묻자 조도선은 이렇게 답했다.

"나는 19년 전에 고향을 떠나 러시아 이르쿠츠크 등지에 체류하면서 세탁업 및 통역 등에 종사했다. 양친은 함경도 홍원군에서 농업을 하고 나는 러시아인이어서 러시아어가 유창하다. 작년 9월에 블라디보스토크에서 하얼빈에 와 머물고 있는데, 10월 23일에 안중근이 와서 말하기를, 자기 가족이 한국에서 오기 때문에 마중하러 급히 가야하는데 러시아어를 못하니 동행해달라고 해서 그러기로 했다. 다음 날 아침에 안 등과 함께 지야이지스고 역에 가서 통역을 했다. 하얼빈에서 유동하가 안에게 전보를 보냈는데 '내일 아침 도착'이라는 내용이었다. 나는 그게 무슨 의미인지도 몰랐고, 내가 소지한 단총은 수년 전에 산 호신용일 뿐 안 등의 이번 일과는 전혀 관계가 없다."

처음부터 우리 계획을 잘 모르고 있었던 조도선에게는 미안한 마음이 들었다.

2월 9일 공판 3일째, 김성백네 여관에서 나와 우덕순이 함께 주고받으며 불렀던 시가詩歌 두 수가 증거물로 제출되었다. 하나는 내가 거사 전날 밤에 쓴 '장부가'였고, 하나는 우덕순이 쓴 이 시가였다. 김성백의 집을 수색했다가 우리가 쓴 이 종이들을 발견한 것이다.

만났도다 만났도다 원수 너를 만났도다.

너를 한 번 만나고자 일평생을 원했지만

하상견지만야何相見之晩也런고.

너를 한 번 만나려고 수륙水陸으로 기만幾萬 리를

혹은 윤선輪船 혹은 화차火車 천신만고 거듭하야

노청양지露淸兩地 지날 때에 앉을 때나 섰을 때나

앙천仰天하고 기도하길 살피소서 살피소서 주 예수여 살피소서.

동반도의 대제국을 내 원대로 구하소서.

오호 간악한 노적老賊아 우리 민족 2000만을

멸망까지 시켜놓고 금수강산 3000리를

소리 없이 뺏노라고 궁흉극악窮凶極惡 네 수단으로

대한민족 2000만이 다 같이 애련하여

너 노적老賊을 이 정거장에서 만나기를 1000만 번 기도하며

주야를 잊고 만나고자 했더니 마침내 이토를 만났고나.

금일 네 명命이 나의 손에 달렸으니

지금 네 명 끊어지니 너도 원통하리로다.

갑오독립 시켜놓고 을사체약乙巳締約한 연후에

오늘 네가 북향北向할 줄 나도 역시 몰랐도다.

덕 닦으면 덕이 오고 죄 범하면 죄가 온다.

너뿐인 줄 아지 마라, 너의 동포 5000만을

오늘부터 시작하여 하나둘씩 보는 대로

내 손으로 죽이리라.

오호라 우리 동포여.

한마음으로 천결團結한 후 우리 국권 회복하고

부국강병 꾀하면 세계에 어느 누가 압박할까.

우리의 자유가 하등下等의 냉우冷遇를 받으니

속히 속히 합심하고 용감한 힘을 가져

국민 의무 다하세.

이어서 하얼빈 지방재판소 판사 및 경찰서장, 지야이지스고 주둔 군인 그 외 두세 명의 진술을 낭독했고, 가와카미 도시히코川上俊彦 총영사와 다나카 세이지로田中淸次郎 만저우 철도 이사 등의 진술과 함께 의사의 진찰 감정서가 낭독되었다. 진찰 감정서에 의하면, 내가 쏜 총알

일곱 개 중에서 1탄은 이토의 오른팔 윗부분을 관통해 흉부에 박혔고, 2탄은 이토의 오른쪽 팔꿈치를 관통해 흉복부에 박히고, 3탄은 갈비뼈 아래로 들어가 허리에 박혔다. 그리고 4탄은 일본총영사 가와카미의 팔꿈치에, 5탄은 이토의 수행비서 모리의 복부에, 6탄은 만저우 철도 이사 다나카의 왼쪽 무릎에, 7탄은 만저우 철도 이사 나카무라中村의 오른쪽 장딴지를 맞혔다.

내가 사용한 권총과 우덕순, 조도선이 휴대한 권총, 이토의 도착을 알린 전보와 이토의 살해를 염원하고 맹세하며 우와 내가 지은 시가와 대동공보사에 보낸 암살 결행의 편지 등을 모두 확인한 판사가 나에게 말했다.

"당신들에게 유리한 증거가 있거든 제시하고 또 청구할 사항이 있거든 청구하시오."

내가 말했다.

"청구할 것은 아무것도 없으나 내가 품어온 3대 목적을 말하고자 하오."

나는 이미 누누이 말해온 이토 살해의 3대 목적을 다시 말했다. 마나베 판사가 얼굴을 찌푸렸다.

나중에 들은 바에 의하면 그날 공판이 끝난 뒤 더글러스 변호사가 호텔에서 이번 재판의 부당성을 알리는 기자회견을 했다고 한다. 그 내용은 이랬다고 한다.

"이토 저격 사건에 대한 안중근 씨의 재판은 문제가 많습니다. 이 재판을 당장 중단하고 공정한 재판을 받을 수 있도록 해야 합니다. 이

사건은 러시아의 조차 지역인 하얼빈에서 일어났고, 안중근은 대한의
군 참모중장 겸 특파독립대장이었음에도 불구하고 일본 형법에 따라
재판권을 행사하고 있습니다. 게다가 안중근 씨가 나에게 변호를 맡겼
는데 일본은 민선 변호인을 인정하지 않고 일방적으로 관선 변호인을
지명했습니다. 이는 명백한 위반일 뿐 아니라 자신들의 뜻대로 이 재
판을 이끌어가겠다는 음모입니다. 지금 일본에서는 1905년에 5조약을
체결하여 한국의 외교권은 자신들에게 있으며, 안중근이 정규군이 아
니기 때문에 자신들에게 재판권이 있다고 주장하고 있습니다. 그러나
재판권 행사를 위한 법 적용은 한국의 법으로 한다고 규정하고 있는
바 일본이 안중근을 재판할 권한은 없습니다."

한국은 일본의 보호를 받고자 한 사실이 없다

2월 10일, 4차 공판이 있었다. 마차에 오른 뒤 지바에게 내 발을 보라고 손짓했다. 지바가 내 발을 보더니 이내 환하게 웃었다. 서로를 바라보며 소리 내어 웃었다. 그때 생각했다.

'이게 평화이다. 이런 것이 평화이다. 이토, 보고 있느냐?'

지바는 전날 법원에서 형무소로 도착한 뒤 내 방 앞에서 헤어지기 전에 종이 꾸러미를 주었다. 감방에 들어와 종이를 펴보니 털실로 짠 양말 한 켤레가 있었다. 차가운 감방 안에서 발이 시릴까 봐 걱정했던 것 같다. 지바의 따뜻한 마음이 그대로 느껴져 눈물이 핑 돌았다. 이렇게 서로를 위하고 걱정하고 보살펴주는 존재가 인간이 아니던가.

법원으로 가는 사이 지바가 조금 상기된 얼굴로 말했다.

"어제 재판을 방청하려는 사람이 1000명도 넘게 왔답니다. 선착순으로 번호표를 주어 300명만 들어갈 수 있기 때문에 아예 전날 법원 앞에서 잠을 자는 사람도 있었다는군요."

그는 그런 현상이 못내 신기한 듯했다. 그런 지바를 보고 있자니 어느덧 동생처럼 친근하게 느껴졌다.

오전 9시에 4차 공판이 열렸다. 재판정에 들어가니 이번에도 방청석이 꽉 차 있었다. 이 재판에 무슨 흥미가 있어서 이렇게 오는 걸까. 방청객 중에는 앞의 공판을 모두 지켜본 이들도 적지 않았다. 일본인들이 상당했는데 그들 모두 내가 죄인이라는 생각을 하고 있는지 궁금했다. 법원 앞에서 잠을 자면서까지 이 재판을 보려는 이유가 나를 지지하기 때문인지, 이토에 대한 추모 때문인지, 그것도 아니라면 이 사건에 대한 호기심 때문인지 알 수 없었다. 분명한 건 대다수 일본인에게 이토는 여전히 영웅이라는 것이다.

검사는 이런 내용의 논고를 했다.

"본건을 둘로 구분해야 하는데 하나는 사실론이요, 또 하나는 법률론이다. 피고의 성격으로 논하건대 유동하는 나이가 어리고 아직 부모 슬하에 있는 자로 정치적 사상은 없으나 성질은 극히 맹렬한 자며, 조도선은 학문도 쌓은 바가 없고 직업 경력 등으로 보더라도 정치적 사상이 없고 의지도 박약한 자인즉 도저히 독립적으로 처사치 못할 자이다. 우덕순은 학문도 있고 블라디보스토크 대동공보사의 영업 활동을 한 사실도 있어 정치적 사상을 신문지 상에서 얻었음이 분명하고 성질은 모가 난 인물이다. 안중근은 본 사건의 주모자로 한국인 중에 특이한 성격의 인물이다. 그의 부친은 상당한 재산도 있으며 중류 이상의 생활을 영위한 자로서 지방의 명문족이며 천주교 신자이고 지위로 보건대 학문은 많지 않으나 성격이 극히 강인하고 의지가 강경하며 정치적 사상이 있는 것은, 그 동기가 석탄 사업 실패 후에 안창호라는 사람의 정치 연설을 듣고 난 후로 추정된다. 안중근은 각처를 유랑하며 의병을 모으는 등 필경 정치적 사상이 깊은 자이다. 범죄의 동기는 유동하와 조도선은 논할 바도 없지만 안중근과 우덕순은 동기가 정치적인 것에서 기인하고 있다. 러시아 관리의 조서에서도 알 수 있듯이, 범죄의 결의는 피고가 심사숙고 후 결정한 일이다. 그 시기는 이토 공이 만저우에 온다는 소식을 들은 때부터이고 조와 유는 범죄 이틀 전에 결정한 듯하다. 암살 당시의 상태를 보면 이토 공의 사망은 조난 후 40분간은 의식이 있었다는 증언이 있으나, 러시아 재무장관의 소견을 참작해볼 때 15분에 불과하다. 그러므로 조와 우는 범죄 예비 행위자요, 유는 방조범이요, 안은 물론 현행범이다. 이상은 사실론이다."

4차 공판이 오후에 다시 열렸다. 검사는 오전의 사실론에 이어서 법률론적으로 이 사건에 대한 논고를 피력했다.

"안중근은 모의 살인 현행범인즉 형법 제199조로 사형이다. 우덕순과 조도선은 형법 제201조를 적용하여 2년 이하의 징역형에 처하고, 유동하는 형법 제199조 및 제68조를 적용하여 3년 이상 5년 이하의 징역에 처할지나 동인은 종범자일 뿐이라 그 정상을 참작할 점이 있어 가벼운 징역 3년의 절반인 1년 반 이상의 역형에 처하기를 요구하고, 범죄에 관해 압수된 물건은 몰수하기를 청구한다."

예상대로 사형으로 귀결되고 있었다. '사형'이라는 단어가 나오자 방청객이 잠시 웅성거렸다. 어디에선가 탄식 소리가 들리기도 했지만 "영웅 이토를 죽인 놈, 너도 죽어라" 하는 소리도 들려왔다.

이날 미즈노와 가마타 두 변호사는 판사에게 변론을 준비할 시간이 필요하니 공판을 며칠 연기해달라고 했다. 그러나 판사는 시간을 지체할 수 없다는 이유로 딱 하루의 시간만 주었다.

2월 12일 오전에 5차 공판이 열렸다. 일본인 관선 변호사 가마타가 먼저 변론했다.

"본래 이 사건은 우리 제국의 공신이며 세계의 위대한 인물이라 할 이토 공작을 암살한 사건으로, 일본의 상하 신민들은 물론 세계 열국을 놀라게 하고 있으니, 이 흉포한 작자를 어떤 극형에 처해도 부족함이 없을 줄 믿습니다. 이 공판이 열린다는 소식을 듣고 세상 사람들이 공판 결과에 대해 얼마나 지대한 관심을 가지고 있는가는 짐작 그 이상일 것입니다. 그러나 이 사건은 검사의 기소장을 검토해보면 명백한 것처럼, 참으로 단순한 하나의 살인 사건에 불과합니다. 그리고 본건은 중국 영토에서 발생한 범죄이며 피고는 한국의 국적을 가진 자입니다. 한국 신민은 중국 영토에 있어서는 한·청통상조약에 의해 치외법권을 가지고 있습니다. 그러나 1905년 11월 17일에 체결된 한일보호조약에 의하면 일본은 한국으로부터의 위임에 의해 한국을 보호하기로 했으므로 외국에 있어서의 한국민은 한국 법령에 의해 일본국의 보호를 받아야 할 것입니다. 따라서 본건과 같은 경우에 있어서는 한국의 법익을 보호하기 위해서 일본 형법을 적용할 것이 아니고 한국 법에 의해야 합니다. 그러지 않으면 위임의 범위를 초월하여 한국의 입법권을 좌우하는 것과 동일한 결과가 생기게 됩니다. 이상의 이유에 의해 본건은 한국 형법이 적용되어야 할 것이며 한국 형법에 있어서는 외국에서 범한 죄에 대해서 하등 벌할 규정이 없으므로 각 피고들은 처벌 대상이 아닙니다. 가령 검사의 논고와 같이 일본 형법을 적용해야 할 것이라고 해도 피고 조와 유는 일찍부터 러시아에 있었고, 한국에는 단지 국적을 가졌다는 데 그치며 거의 한국과 연계 없이 살던 이들로, 본건에 가담했다고 인정할 만한 증거가 없을 뿐 아니라, 유에 대해서는 종범 즉 살인방조죄 혐의가 없으므로 범죄를 구성하지 아니합니다. 피고 안중근은 이미 죽음을 결심하고 실행한 자인데 이에 사형을 과했다 하여 형벌의 주의인 징계 또는 교화의 효과가 전혀 없으므로 구태여 안을 사형에 처할 필요가 없습니다. 특히 피고들은 자기 나라의 주권이 침해받는 걸 우려한 나머지 이번 범행을 저지르게 된 만큼 정상참작의 여지가 있으므로 피고들에 대하여는 형을 감량하여 가벼운 징역에 처함이 옳다고 사료됩니다. 형벌의 주의에서 생각하든지 우리 형벌의 위치에서 보든지, 피고에 대해서는 가볍게 처분하는 것이 지당합니다. 형법 제199조와 제166조에 의해 법이 허락하는 한도에서 극히 가볍게 처단하기를 희망합니다."

방청석에 앉아 있는 사람들은 전혀 예상치 못했던 내용이었다. 방청석이 술렁였다. 가마타 변호사는 이 사건을 '세계의 위대한 인물 이토를 한국인 안중근이 암살한 단순한 살인 사건'으로 규정했다. 그러면서 법리 해석에 있어서, 피고들을 처벌해야 하는 것이 마땅하지만 재판이 열리고 있는 관동저우關東州는 일본이 재판권을 가지고 있음에도 불구하고 일본 형법은 아직 이곳에서 효력을 갖지 않기 때문에 우리를 처벌할 수 없다는 논리였다. 나를 일본 영웅 이토를 살해한 일개 살인 범으로 몰아간 것과 무죄를 끌어내는 논리가 나의 생각과는 맞지 않아서 기분이 나빴다.

미즈노 변호사도 비슷한 변론을 전개했다. 이 사건은 일본 형법을 적용할 것이 아니라 한국 형법을 적용해야 하지만 한국 형법의 결함으로 처벌할 만한 마땅한 조항이 없다는 논지였다.

두 사람의 변론이 끝나자 판사가 말했다.

"변호인으로부터 이미 상세한 변론이 있었으나 그대들이 최종적으로 진술할 것은 없는가?"

유동하가 대답했다.

"나는 이토와 기타 일본인에 대하여 모욕하는 따위의 일을 말한 적이 없습니다. 본건에 대해서는 아무런 관계도 없는데 검사의 논고를 듣고 계속 마음이 편치 않습니다. 내 심정은 지금, 불이 없는데도 연기가 나는 듯한 느낌입니다."

조도선이 말했다.

"나는 본건에 대해 아무런 관계가 없지만 안중근으로부터 이야기를 듣고 나도 가담한 것 같은 형국이 되어버렸으니 이것은 나의 우매한 소치로 별로 말할 것은 없다."

우덕순이 말했다.

"이토는 일본과 한국과의 사이에 장벽을 만든 사람이다. 그것을 없애버리려고 한 것은 나의 본마음이었으므로 기꺼이 본건에 가담했다. 별로 할 말은 없다. 이후로는 일왕의 뜻에 따라 한국과 일본인을 동등하게 대우해주기를 바라고, 한국의 보호를 확실히 해주기를 바랄 뿐이다."

마지막으로 내가 말했다.

"나는 아직 할 말이 많소"

그러자 판사가 말했다.

"당신은 이제까지 중복해서 말한 바가 있소. 중복되지 않는 범위 내에서 말하시오."

"이틀 전에 검사의 논고를 들어봤는데 검사가 오해한 부분이 상당히 많았소. 그중에서도 가장 중요한 것에 대해서 개요만을 간추려 말하겠소. 한 예를 들면, 하얼빈에서 검사가 취조할 때 내 아들에 대해 조서를 꾸민 일이 있었소. 이틀 전에 그 심리 결과를 들으니, 내 사진을 내 아들에게 보이면서 '이게 네 아버지냐?' 하고 물으니 '우리 아버지다'라고 그 애가 대답했다고 하오. 그러나 그 애는 올해 다섯 살이오. 내가 고향을 떠난 지가 3년 전이고 내 아들은 그때 두 살이었소. 그 후로는 전혀 본 일이 없으니 그 애가 나를 알아볼 리가 없소. 이것만 보더라도 그 심리가 얼마나 소홀하며 엉터리인지 입증할 수 있소. 또한 재판 자체에 관해서 한 가지 말하겠소. 여러 번 말했듯이 이번 거사는 나 개인의 자격으로 한 것이 아니오. 그리고 이 재판에는 재판장을 비롯하여 통역, 변호인에 이르기까지 모두 일본인으로만 구성되어 있소. 이 자리에는 한국의 변호사도 와 있고 나의 동생도 와 있는데 왜 그들에게는 말할 기회를 주지 않는 것이오? 변호인의 변론이나 검사의 논고는 모두 통역을 통해서 그 요점만은 들려주었으나, 그 점도 내 견해로는 매우 미심쩍을 뿐 아니라 객관적으로 입장을 바꿔놓고 생각한다 하더라도 편파적인 취급이라는 인상을 지울 수가 없소. 그리고 앞에서 검사의 논고와 변호사의 변론을 들으니 모두들 이토의 시정방침은 완전무결한데 내가 그것에 대하여 오해를 하고 있다고 말했는데, 이것은 사실을 잘 알지 못하고 하는 말들이오. 이들의 시정방침은 결코 완비된 것이 아닐진대 어찌 오해라고 할 수 있겠소? 1905년에 5조약이 체결되었으니 이것이 바로 한일보호조약인데, 그때 한국의 황제를 비롯해서 한국 국민은 누구도 일본의 보호를 받고자 한 사실이 없소. 그럼에도 불구하고 이토는 마치 한국 측에서 희망하여 조약을 체결한 것처럼 말했소. 그것은 이토가 일진회를 사주하고 금전을 제공하여 그런 운동을 벌이게 했고, 황제의 옥새도 없이, 총리대신의 승낙도 받지 않고, 다만 권세로써 한국인을 기만하여 5조약을 체결케 한 것이지, 결코 한국이 원해서 한 것이 아니라는 것은 누구나 다 알고 있는 사실이오."

내 진술이 길어지자 검사가 중단시키려고 했다. 그러자 판사가 검사를 제지하며 계속 진술하라고 했다.

나는 다시 말을 이었다. 내 진술이 판결에 영향을 미치게 되기를 바라서가 아니었다. 일본이 한국에 저지른 잘못, 나아가 동양 평화를 어떻게 위협하고 있는지를 세상에 알리기 위해서였다. 한국이란 나라와 한국인들이 어떤 피해를 입었는지, 어떻게 죽어갔는지, 수십 수백 번도 더 설명할 수 있었다.

"오늘날 한국의 비참한 운명은 모두 이토의 정책 때문이오. 최익현을 비롯하여 많은 선비들이 의병을 일으켜 일본과 싸웠지만 일본의 방침이 조금도 개선되지 않았소. 이런 일본의 해악을 알리고자 고종께서는 두 명의 밀사를 헤이그 만국평화회의에 보내기도 하셨소. 5조약이 일본의 강입에 의해 체결된 것으로서 왕의 옥새가 찍힌 것도 아니며 총리대신이 보증한 것도 아니라는 경위를 널리 알리기 위해서였소. 그러나 일본 정부의 훼방 때문에 잘 이루어지지 않은 것으로 아오. 그후 수십만 명의 의병이 조선 8도에서 봉기했소. 그뿐 아니라 한국의 황제께옵서는 일본이 한국을 정복하려는 위급한 순간에 수수방관하는 자는 백성의 의무를 다하지 않는 자라는 조칙을 내셨소. 그리하여 한국 국민들은 오늘날까지 항전을 멈추지 않고 있는 것이오. 아마도 지금까지 일본에 의해 죽음을 당한 한국인은 10만 명 이상일 줄로 아오. 그 많은 사람들이 나라를 위해 싸우다가 죽었으니 그것이 모두 이토가 저지른 전쟁 때문이오. 그러니 이토가 죽인 것이나 마찬가지요. 이토란 자는 스스로 영웅인 체했지만 사실은 간웅이었소. 그놈은 간사함이 많아 한국에 대한 보호가 원만하게 이루어지고 날로 발전하는 양 신문에 떠들고, 일왕과 그 정부를 온갖 거짓말로 속였소. 그러므로 한국 국민은 오래전부터 이토를 죽이고 말겠다는 적개심을 품어왔소. 나는 이제까지 여러 계급의 일본인과 만나서 흉금을 터놓고 이야기해본 적이 많은데, 그들 역시 동양의 평화를 희망하고 있었소. 따라서 내가 이토를 죽인 것은 대한의군 참모중장의 자격으로 한 것이지 결코 개인 암살범으로서 한 것은 아니오. 일왕의 취지와 같이 동양 평화를 이루고 6대주에도 모범을 보이고자 한 것이 그 목적한 바요. 내가 이토를 죽인 게 범죄라고 하지만 그가 지금까지 저지르고 앞으로 저질렀을 참혹한 살인과 만행을 의병장의 자격으로 막았으니 이는 결코 범죄라고 할 수 없소. 나는 한국과 일본, 나아가 동양 전체의 평화를 위해서 이 일을 한 것이오."

그때 판사가 나에게 말했다.

"그만하면 되지 않았소?"

나는 단호하게 말했다.

"아니오. 아직 할 말이 남아 있소. 내가 지금 말한 것처럼 나중에라도 일왕이 이토가 한국에서 만든 시정방침이 잘못되었다는 걸 알게 된다면 나를 오히려 치하하게 될 것이오. 그리고 나를 단지 이토를 죽인 자객으로 대우하지 않을 것이오. 모쪼록 한국에 대한 일본의 방침이 개선되어 일왕이 의도한 동양의 평화가 한일 양국 간에 영원히 유지되기를 희망하오. 한마디 더 말해둘 것은 앞에서 두 변호사의 말에 의하면 광무3년 한·청통상조약에 의해 한국인은 중국에서 치외법권을 가지며 중국 또한 한국에 대하여 치외법권을 가지고 있으므로 한국인이 해외에서 범죄를 저지를 때, 처리할 법적 조항이 없으므로 무죄라고 한 것은 매우 부당한 말이라고 생각하오. 오늘날 사람은 모두 법률 아래에서 생활하고 있소. 살인을 해도 아무런 제재를 가하지 않는다는 것은 말도 되지 않소. 그러나 나는 결코 개인적으로 한 것이 아니라 의병으로서 한 것이며 따라서 나는 전쟁에 나갔다가 포로가 되어 이곳에 온 것이라 믿고 있소. 그러므로 나를 국제공법에 의해 처벌해줄 것을 희망하는 바요."

내 말이 끝나자 판사가 물었다.

"더 할 말은 없소?"

"없소."

그러자 판사가 이렇게 말했다.

"그러면 오늘은 이것으로써 본건의 심문을 끝맺기로 합니다. 본건의 판결은 다음 2월 14일 오전 10시에 언도하기로 합니다."

사형 이상의 형벌은 없는가?

2월 14일, 6차 공판이 있는 날이다. 아침 일찍 구리하라 형무소장이 감방에 다녀갔다. 그는 며칠 전부터 나만 보면 좌불안석이었다. 지바 도시치의 언질에 의하면, 공판이 열리는 내내 빠지지 않고 와서 맨 뒤에 앉아서 참관하다 갔다고 한다. 내가 사형을 받게 되리라는 걸 아는 눈치였다.

그가 내 방을 나가다 말고 돌아와서 말했다.

"안 선생, 당신은 판결과 상관없이 옳은 일을 한 것이오."

사형 판결이 나더라도 낙심하지 말라는 말 같았다. 지바 도시치와 마차 쪽으로 걸어가고 있는데 구리하라가 저만치에 서 있는 게 보였다. 그가 잘 다녀오라는 듯 손을 흔들어 보였다. 나는 고개를 숙여 목례했다. 긴장하기는 지바도 마찬가지였다. 지바는 잔뜩 풀이 죽은 얼굴로 아무 말도 하지 않았다.

지바의 어깨를 다독이며 말했다.

"나는 괜찮다네. 너무 마음 쓰지 말게. 그대가 준 양말은 이번 겨울에 내가 받은 가장 귀한 선물이었네."

지바는 화난 사람처럼 앞만 보고 마차를 몰았다. 지바의 심정이 그대로 전해져 더는 아무 말도 할 수 없었다.

재판정은 다른 날과 마찬가지로 빈자리 없이 가득 찼다. 사람들의 숨소리마저 들릴 정도로 조용하다 못해 숙연하기까지 했다. 마나베 판사의 판결은 예상한 그대로였다.

"안중근은 사형, 우덕순은 3년 징역, 조도선과 유동하는 각각 1년 반 징역에 처한다."

검사의 구형과 같은 형량이었다.

나는 판사석을 향하여 이렇게 물었다.

"사형 이상의 형벌은 없는가?"

판사는 아무 말도 하지 않았다. 공소 일자를 5일 이내에 다시 정하겠다고 말하고서 서둘러 공판을 끝내버렸다. 방청석에 앉아 있던 일본인들이 환호를 하는 소리가 들렸다. 그들은 "이토 만세", "대일본제국이여 영원하라" 하면서 판결을 자축했다. 그러자 다른 한쪽에서 한국어로 "닥치지 못해!" 하는 소리가 들렸다. 검사와 판사, 관선 변호사들이 법정에서 다 나가고 난 뒤에도 사람들은 남아서 나를 보려고 기웃거렸다. 그때 지바 도시치와 헌병들이 들어와서 우리를 데리고 나갔다.

지바 도시치는 마차를 몰면서 내내 눈물을 흘렸다. 그는 연신 이 말만 반복했다.

"죄송합니다. 죄송합니다."

"지바, 그대가 왜 죄송한가? 그대는 나에게 잘못한 일이 없다. 그러니 울음을 그쳐라."

"죄송합니다…… 죄송합니다……."

형무소로 돌아올 때까지 우리 둘 다 더는 아무 말도 할 수 없었다.

감방으로 돌아와 혼자 생각했다.

'내가 예상했던 것에서 조금도 벗어나지 않았다. 옛날부터 지금까지 수많은 충성스럽고 의로운 지사들이 죽음으로써 윗사람의 잘못을 간언하고 정략을 세운 것은 훗날 역사에서 모두 옳은 것으로 기록되지 않았는가? 동양의 대세를 걱정해 몸을 바쳐 방책을 세웠건만 끝내 허사로 돌아갔으니 어찌 통탄할 일이 아닌가? 그러나 일본국 4000만 민족이 언젠가 '안중근의 날'을 크게 외칠 날이 머지않아 올 것이다. 동양의 평화가 이렇게 깨어지고 말았으니 100년 비바람이 어느 때에 그칠 것인가? 일본 정부에 생각 있는 사람이 있다면 나를 이렇게 처리하지는 않을 것이다. 일본에 조금이라도 염치가 있고 공정한 마음이 있다면 어찌 이 같은 결정을 할 수 있겠는가? 한국에 와 있던 일본 공사 미우라 고로三浦梧樓는 1895년에 병사를 이끌고 대궐에 침입해 한국의 명성황후 민씨를 시해했으나, 일본 정부는 미우라를 아무런 처벌도 하지 않고 석방했다. 그 내용을 살펴보면 그러한 짓을 시킨 자가 분명히 있어서 그렇게 한 것이다. 그런데 오늘 나의 일을 보면, 설사 개인 간의 살인죄라고 하더라도 미우라의 죄와 나의 죄, 어느 쪽이 무겁고 어느 쪽이 가벼운가? 참으로 머리가 깨어지고 쓸개가 찢어질 일이다. 내게 무슨 죄가 있단 말인가? 내가 무슨 잘못을 저질렀다는 말인가?'

천 번 만 번 생각하다가 갑자기 정신이 번쩍 났다.

"나는 정말 큰 죄인이다. 내 죄는 어질고 약한 한국의 국민으로 태어난 것이로구나."

이렇게 생각하자 분하고 억울했던 마음이 풀리며 안정을 찾을 수 있었다. 살고 죽는 것은 인간의 의지로는 어쩔할 수 없는 것이다. 어렸을 때 동네 어느 집에 불이 난 적이 있었다. 방 안에 아이들이 자고 있다고 하면서도 부모는 선뜻 들어가지 못하고 발을 동동 구르고 있었다. 그때 동네 청년이 방 안으로 뛰어 들어가서 울고 있던 아이 하나를 안고 나왔다. 청년의 옷에 불이 붙어서 타고 있었다. 청년은 아이를 바닥에 내려놓고 다시 안으로 뛰어 들어갔다. 하지만 청년은 다시는 밖으로 나오지 못했다.

그 일은 오래도록 사람들 입에 오르내렸다. 나중에 그 이야기를 전해 들은 아버지가 이런 말씀을 하셨다.

"모든 사람이 옳다고 믿으면서도 선뜻 행하지 못하는 일을 행동으로 옮기는 것이 정의이다. 그 청년이 위험하다는 걸 몰라서 불 속으로 뛰어 들어간 것은 아닐 게다. 위험을 무릅쓰고 아이들을 구해주고 싶은 마음 때문에 그렇게 했겠지. 그렇게 정의는 때론 부모 자식 간의 사랑보다 더 숭고한 가치를 보여줄 수 있단다."

그러면서 아버지는 『논어』의 「헌문憲問」 편에 나오는 '견리사의 견위수명 구요불망평생지언 역가이위성인의見利思義 見危授命 久要不忘平生之言 亦可以爲成人矣'를 말씀해주었다.

"공자가 말씀하셨다. 이득을 보면 의리를 생각하고 위태함을 보면 생명을 바칠 줄 알며, 오래전의 약속에 대해 평생 자기 말을 잊지 않고 실행하면 성인이 될 수 있느니라."

그때 해주신 말씀이 나한테는 삶의 좌표와 교훈이 되었던 것 같다. 그 이후 동네에서 그때 불 속에서 살아난 아이를 볼 때마다 그 청년이 생각나곤 했다. 선하고 정의로운 일을 한다는 건 목숨을 거는 일일 수 있다는 걸 그때 알았다. 서른두 살의 나이에 사형을 언도받고 보니 마음이 나약해지는 것도 사실이다. 하지만 아버지를 다시 만났을 때 "내 아들아, 너는 정의로웠다"라고 인정해주신다면 그것으로 족하다.

사형이 언제 집행될지 모른다고 생각하니 가장 먼저 가족들에게 죄스러운 마음이 들었다. 그날 밤 어머니와 아내에게 편지를 썼다.

어머니 전상서

불초한 자식은 감히 한 말씀을 어머님 전에 올리려 합니다. 엎드려 바라옵건대 자식의 막심한 불효와 아침저녁 문안 인사 못 드림을 용서하여주시옵소서. 이 이슬과도 같은 허무한 세상에서 감정에 이기지 못하시고 이 불초자를 너무나 생각해주시니 훗날 영원의 천당에서 만나 뵈올 것을 바라오며 또 기도하옵니다. 이 현세의 일이야말로 모두 주님의 명령에 달려 있으니 마음을 편안히 하옵기를 천만 번 바라올 뿐입니다. 큰아이 분도는 장차 신부가 되게 하여주시길 희망하오며, 후일에도 잊지 마시옵고 천주께 바치도록 키워주십시오. 이상이 대요大要이며, 그

196

밖에도 드릴 말씀은 허다하오나 후일 천당에서 기쁘게 **만나** 뵈온 뒤 누누이 말씀드리겠습니다. 위아래 여러분께 문안도 드리지 못하오니, 반드시 꼭 주교님을 전심으로 신앙하시어 후일 천당에서 기쁘게 **만나** 뵈옵겠다고 전해주시기 바라옵니다. 이 세상의 여러 가지 일은 정근과 공근에게 들어주시옵고 배려를 거두시고 마음 편안히 지버시옵소서.

아들 도마 올림

부모보다 먼저 죽는 불효를 하게 되었으나 어머니 역시 아버지와 같은 애국심을 가지신 분이니 아들이 의롭게 죽어가는 걸 자랑스럽게 생각해주시리라 생각했다.

두 살 아래인 아내 김아려는 열여섯 살에 시집와 그동안 나와 작은 다툼 한 번 없었다. 부족한 남편을 두었으니 왜 불평불만이 없었겠느냐마는 늘 나를 믿고 따라주었다. 지난번에 먼 길을 와서 청천벽력 같은 소식을 듣고 하얼빈 일본영사관에서 아이들과 조사까지 받은 걸 생각하면 아직도 마음이 멘다. 사내대장부 체면 차린다고 평소에 다정한 말을 한 번도 건넨 적이 없다는 게 뒤늦게 이렇게 후회가 될 줄 몰랐다.

분도 어머니에게

예수를 찬미하오. 우리들은 이 이슬과도 같은 허무한 세상에서 천주의 안배로 배필이 되고 다시 주님의 명으로 이제 헤어지게 되었으나, 또 머지않아 주님의 은혜로 천당 영복의 땅에서 영원에 모이려 하오. 반드시 감정에 피로워함이 없이 주님의 안배만을 믿고 신앙을 열심히 하고 어머님에게 효도를 다하고 두 동생과 화목하여 자식의 교육에 힘쓰며 세상에 처하여 심신을 평안히 하고 후세 영원의 즐거움을 바랄 뿐이오. 장남 분도를 신부가 되게 하려고 나는 마음을 결정하고 믿고 있으니 그리 알고 반드시 잊지 말고 특히 천주께 바치어 후세에 신부가 되게 하시오. 많고 많은 말을 천당에서 기쁘고 즐겁게 만나보고 상세히 이야기할 기회가 있을 것을 믿고 또 바랄 뿐이오.

장부 도마 올림

죽음을 두려워하지 않을 수 있는 건 하느님을 알게 되었기 때문이다. 선한 일을 했으니 천당에 가리라는 걸 믿기 때문이다. 온 가족이 영생의 삶을 알고 있으니 아들의 죽음을, 남편의 죽음을, 형의 죽음을 덜 슬프게 받아들일 수 있을 것이다. 빌헬름 신부님은 이런 날이 올 줄 알고 진작 우리 가족 모두를 하느님 품으로 인도한 것일까? 신부님과 함께 전교 활동을 다니던 때가 어제 일처럼 생생한데 이제는 그 시절을 추억할 시간조차 얼마 남아 있지 않구나 생각했다.

빌헬름 신부님 전상서

예수를 찬미하옵니다. 자애로우신 신부님이시여. 처에게 처음으로 세례를 주시고 또 최후의 그러한 장소에 수많은 노고를 불구하고 특히 와주시어 친히 모든 성사를 베풀어주신 그 은혜야말로 어찌 다 사례를 할 수 있겠습니까. 감히 다시 바라옵건대 죄인을 잊지 마시고 주님 앞에 기도를 바쳐주시옵고, 또 죄인이 욕되게 하는 여러 신부님과 여러 교우에게 문안드려주시어 모쪼록 우리가 속히 천당 영복의 땅에서 흔연히 만날 기회를 기다린다는 뜻을 전해주시옵소서. 그리고 주교께도 상서하였사오니 그리 아시기를 바랍니다. 끝으로 자애로우신 신부님이 저를 잊지 마시기를 바라오며, 저 또한 결코 잊지 않겠습니다.

죄인 안도마 올림

위국헌신군인본분
爲國獻身軍人本分

사형이 확정된 다음 날 구리하라 형무소장의 방에서 차를 마시며 담소를 나누었다. 그는 나에게 비싼 외국산 담배와 고급 과자들을 내놓았다. 무엇을 내놓아도 아까울 게 없다는 표정으로 나를 바라보았다. 그의 눈 속에 나에 대한 연민이 가득했다. 내가 아무리 담대하게 행동한다 하더라도 그에게 나는 죽음이 임박한 사형수인 것이다.

구리하라가 말했다.

"안 선생, 필요한 게 있으면 말씀하시오. 방에 넣어드리겠소."

"다른 건 없고 가능하다면 붓글씨를 쓸 수 있도록 종이와 붓을 허락해주시오."

"알겠소, 오늘 당장 그렇게 하겠소. 그리고 안 선생, 이런 말을 해도 좋을지……."

구리하라가 난처한 얼굴로 내 얼굴을 보았다.

"괜찮소. 개의치 말고 말하시오."

200

"아는지 모르지만 우리 형무소에 오시는 교화 스님이 한 분 있는데, 워낙 이번 사건이 많이 알려지다 보니 그분도 선생의 정치적 신념이나 평화 사상에 대해 관심이 많소. 종교적으로 부담을 드리지 않을 테니 시간을 내주십사 하고 나에게 청해오셨소."

"스님이요? 나는 괜찮소. 가톨릭 신자가 스님 만나면 안 되는 이유라도 있소?"

"내일 스님이 오시면 선생께 간수를 보내겠소."

그러고 방에 돌아왔는데 한 시간도 안 되어 담당 간수가 여러 종류의 붓과 종이, 먹을 가지고 왔다.

"종이가 떨어지면 언제든지 말씀하시랍니다."

오랜만에 붓을 잡으니 반가웠다. 고향에서 아버지 생전에 동생들과 나란히 앉아서 『사서삼경』을 필사하던 기억이 났다. 그때엔 그것이 행복인지 몰랐다. 몇 장 연습 삼아 써보니 손의 감각이 살아났다.

다음 날에도 아침 일찍부터 붓글씨를 썼다. 오래전에 『사서삼경』을 배우며 마음에 깊이 새겼던 문장들을 기억해내 한 자 한 자 쓰다 보니 시간이 금방 흘렀다. 점심을 먹고는 『안응칠 역사』를 이어서 썼다. 지난 일주일 동안 공판을 받으러 다니느라 전혀 쓸 수가 없었다. 언제 사형이 집행될지 알 수 없으므로 매일 쓰는 양을 늘리기로 했다. 시간이 허락된다면 자서전을 다 쓰고 『동양평화론』을 쓸 생각이다. 이 두 글이 내 사후에라도 세상에 알려져서 한국의 젊은 남자가 왜 일본의 총리를 죽여야만 했는지, 내가 생각하는 동양의 평화란 무엇인지, 그날이 있기까지 내가 어떻게 살아왔는지를 알고, 내가 바라던 동양의 평화가 이루어진다면 더 바랄 나위가 없다. 옌하이저우에서 의병을 모집하며 사람들에게 한 연설을 쓰던 중이었다.

여러분들은 조국을 잊었습니까, 아닙니까? 선조의 백골을 잊었습니까, 아닙니까? 친척과 일가들을 잊었습니까, 아닙니까? 만일 여러분들이 잊어버리지 않았다면, 이같이 위급해져 존망이 위태롭게 됐을 때 분발하고 크게 깨달아야만 합니다. 뿌리 없는 나무가 어찌 살 것이며, 나라 없는 백성이 어디에서 편히 살 것입니까? 만일 여러분이 외국에서 산다고 해 조국에 무관심하고 전혀 돌보지 않는 것을 러시아 사람들이 안다고 합시다. 그러면 그들은 필시 이렇게 말할 것입니다.

"한국 사람들은 조국도 모르고, 동족도 사랑하지 않으니, 어찌 외국을 도울 리 있으며 다른 종족을 사랑할 리가 있겠는가? 이같이 무익한 인종은 쓸모가 없다."

지금 한국 안의 13도 강산에는 의병이 일어나지 않은 곳이 없습니다. 만일 의병이 패하는 날에는 애통하게도 저 간사한 도둑놈들이 시비를 가리지 않고 폭도란 이름을 붙여서 사람마다 죽일 것이오, 집집마다 불을 지를 것입니다. 그런 다음에 한민족이란 사람들이 무슨 면목으로 세상에 얼굴을 들고 나설 수 있겠습니까?

그러므로 오늘부터 의병을 일으켜 계속해서 끊이지 않고 싸워 좋은 기회를 잃지 말아야 할 것입니다. 자, 여러분에게 묻겠습니다. 앉아서 죽기를 기다리는 것이 옳습니까? 분발해 힘을 버는 것이 옳습니까?

여기까지 쓰고 돌이켜보니 마치 까마득한 옛일처럼 느껴졌다. 이런 연설을 하면서 각 지방을 돌아다닐 때 많은 사람들이 의병에 자원해주었다. 직접 참여하지 못하면 자금으로 또는 무기로 지원했다. 그때 항일 투쟁을 벌이다 전투 중에 죽어간 동지들이 생각났다. 이제 곧 그들과 만나게 되겠지.

그렇게 어느덧 오후 2시가 되었는데 간수가 찾아왔다.

"형무소장님이 모셔 오랍니다."

형무소장 방에 가니 전날 말한 스님이 와 계셨다. 스님은 나를 보자 매우 정중하고 공손한 태도로 합장하며 인사했다. 나도 스님께 정중하게 예를 갖춰 인사를 드렸다.

"스님, 이분이 안중근 선생입니다. 안 선생, 이분은 쓰다 가이준津田海純 스님이오."

쓰다 가이준 스님은 처음 보는데도 낯설지가 않을 정도로 인상이 좋은 분이었다. 스님은 신문을 통해 내가 심문을 받으면서 한 이야기들을 읽었다고 했다.

"안 선생이 일본 검사들에게 당당하게 자기 소신을 피력했다는 기사를 읽었습니다. 더욱이 이토 공의 죄 열다섯 가지를 서슴지 않고 말했다는 걸 알고 안 선생이야말로 참으로 정의롭고 용감한 분이라고 생각했습니다. 무엇보다도 선생의 동양평화론은 부처님 말씀을 섬기는 저로서 전적으로 수긍하는 논리였습니다."

"스님이 그렇게 말씀해주시니 몸 둘 바를 모르겠습니다. 저야 제 신념을 말하고 실천했을 뿐인걸요."

"선생의 평화 사상을 접하면서 부처님이든 하느님이든 공자든 세상의 진리는 다르지 않다는 생각을 했습니다. 하늘의 섭리와 이치를 깨달은 자는 평화를 앙망하고 실천할 수밖에 없지요. 하늘을 두려워하지 않는 사람들이 타인을 해치고 폭력을 휘두르는 법입니다. 저는 지금 일본이 각 나라들에 저지르고 있는 침략 행위를 우려하고 있습니다. 저와 같은 생각을 하는 일본인도 적지 않습니다. 평화주의자들이 일본에도 많지요. 그래서 이번 사건이 일어났을 때 선생을 지지하는 일본인도 적지 않았습니다. 다만 드러내놓고 응원하지 않았을 뿐이지요."

"저의 의거를 지지한 일본인들이 적지 않았다니 뜻밖입니다. 저는 거의 모든 일본인이 일본 정부와 이토의 정략을 지지하고 있다고 생각했습니다. 그런데 저와 같은 생각을 가진 일본인들도 있다는 것은 한국과 일본 모두에게 희망적인 이야기군요."

쓰다 가이준 스님과는 그 후에도 자주 함께 시간을 보냈다. 각자의 교리에 대해 이야기할 때도 있었지만 항상 상대방의 신앙을 존중하고 인정해주었다. 거의 매일 구리하라 소장 방에서 만나 이야기를 나누면서 짧은 시간에 급속도로 가까워졌다. 스님은 내가 사형을 당하게 되더라도 천국에 갈 것임을 믿어 의심치 않는다고 하셨다. 스님의 그 말은 큰 힘이 되었다. 스님을 만나는 것도 어느덧 일과처럼 되었다.

그중에서도 빠뜨리지 않고 거의 매일 시간을 할애한 것은 자서전과 붓글씨를 쓰는 일이었다. 구리하라 소장과 쓰다 가이준 스님이 붓글씨를 쓰는 내 모습을 자주 지켜보았다. 무엇보다도 스님은 내 글씨들을 볼 때마다 송구할 정도로 치하해주셨다.

"선생의 글씨엔 선생의 혼과 사상이 녹아 있는 것 같습니다. 글씨에 담긴 뜻도 좋지만 글씨 자체가 훌륭합니다. 개인적으로 선생의 글씨를 소장할 수 있다면 큰 영광이겠습니다."

두 사람은 내 글씨를 받아 간직하겠다며 비단과 종이들을 사서 넣어주곤 했다. 그동안 나한테 호의를 베풀어준 사람들에게 고마움의 표시로 글을 써주었다. 붓과 종이가 내 방에 들어오기 시작한 이래 거의 매일 세, 다섯 점씩 글씨를 썼다. 그분들한테 내가 해줄 수 있는 게 있다는 사실이 감사했다.

누구한테 어떤 의미의 글씨를 써주면 좋을까를 생각하는 시간들도 좋지만 상대가 그 글을 받고 나서 이심전심으로 읽어주면 그때 큰 보람을 느꼈다. 처음의 그 죽일 듯한 증오심을 완전히 내려놓고 이제는 아우처럼 나를 보살펴주고 지켜주는 지바 도시치를 생각해서 쓴 글씨는 '위국헌신군인본분'이었다.

그가 일본 군인의 신분으로 나를 지키는 것이나, 내가 한국 의군의 자격으로 이토를 죽이고 사형수가 된 것이나 모두 군인으로서 나라를 위한 행동이다. 그러니 '나라를 위해서 몸을 바치는 것은 군인의 본분이다'라는 이 글은 내가 그에게 해주고 싶은 말인 동시에, 인간 안중근이 군인 안중근에게 해주고 싶은 말이기도 했다.

지바에게 이 글씨를 주면서 내 뜻을 설명했더니 그가 매우 기뻐했다.

"이 글씨는 군인인 저에게 최고의 선물입니다. 저는 군인 지바 도시치를 자랑스럽게 생각합니다. 그리고 선생님이 의군으로서 나라를 위해 그런 행동을 하신 것 또한 마땅하다고 생각합니다. 군인은 어떠한 경우에도 자기 나라와 국민을 위해 싸워야 하는 사람이니까요."

"자네는 앞으로 일본에서 가장 훌륭한 군인이 될 거요."

그러자 그의 얼굴이 갑자기 어두워졌다.

"선생님, 사실은 요즘 회의가 들고 있습니다. 내 나라를 위해 싸운다는 것이 과연 반드시 옳고 정의로운 일인가에 대해 고민하게 됩니다. 내 나라를 위한 일이 또 다른 나라와 그 국민들을 해치는 것이라면 과연 저는 옳으며 정의롭다 할 수 있나 싶습니다. 옳고 정의로운 일이란 어떠한 경우에도 다 해당돼야 한다는 생각 때문입니다."

그러면서 지바 도시치는 고향으로 돌아가서 조용히 살고 싶다고 했다. 올곧고 정직한 그가 일본 제국주의 군인이 되어 겪었을 일들을 생각하니 마음이 애잔해졌다. 그가 간절히 바라고 있는 것은 평화로운 삶인 것이다. 전쟁은, 피해 국가와 그 국민들만 괴롭히는 것이 아니라 전쟁을 일으킨 나라의 국민들에게도 정서적으로 엄청난 상흔을 안겨 줄 게 분명하다. 평화를 바라지 않는 사람이 어디에 있으며, 전쟁을 즐기는 사람이 얼마나 되겠는가. 다만 군인은 애국이라는 논리로 전쟁에 대한 반감을 극복할 수밖에 없다. 그런 점에서 지바 도시치의 갈등이 깊이 와 닿았다. 그가 바라는 대로 고향으로 돌아가 평화로운 전원생활을 하게 되는 날이 빨리 왔으면 좋겠다.

대한 독립의 소리가 천국에 들려오면, 나는 마땅히 춤추며 만세를 부를 것이다

대저 합하면 성공하고 흩어지면 패한다는 것은 만고에 분명히 정해져 있는 이치이다. 지금 세계는 동서로 나뉘어져 있고 인종도 각각 달라 서로 경쟁하고 있다.

일본과 러시아가 개전할 때 일본 천황의 선전포고하는 글에 '동양 평화를 유지하고 대한 독립을 공고히 한다' 운운했으니 이와 같은 대의가 청천백일의 빛보다 더 밝았기 때문에 한·청 인사는 지혜로운 이나 어리석은 이를 막론하고 일치 동심해서 복종했음이 그 하나이고, 일본과 러시아의 다툼이 황·백인종의 경쟁이라 할 수 있으므로 지난날의 원수진 심정이 하루아침에 사라져버리고 도리어 하나의 큰 인종을 사랑하는 무리를 이루었으니 이도 또한 인정의 순서라 가히 합리적인 이유의 또 하나이다.

『동양평화론』의 서문을 조금 써 보았다. 지금 거의 다 써가고 있는

『안응칠 역사』가 끝나면 곧바로 이 논문을 쓸 생각이었다. 자국의 욕심을 위해 다른 나라에 위해를 가하고 평화를 해치게 되면 결국 자국의 평화도 보장받을 수 없다. 동양이 서로 화합하여 공생 공존할 수 있는 평화주의를 지향하지 않는 한 동양의 평화는 유지될 수 없다. 그러기 위해서는 어떻게 해야 하는지, 현재 일본이 일으키고 있는 전쟁범죄를 어떻게 수습해야 하는지에 대한 이야기를 이 논문에 담을 생각이었다. 그런데 사형 집행일이 통보되었다. 3월 26일에 집행할 거라고 했다.

어차피 죽음을 각오한 것인데 한 달 더 빠르거나 한 달 더 늦춘다고 크게 개의할 것은 없었다. 다만 『동양평화론』을 다 쓰지 못하고 가는 게 안타까웠다. 하루는 구리하라 소장의 방에서 담소를 나누다가 이런 심경을 밝혔다.

구리하라가 이야기를 듣고는 안타까워했다.

"선생이 누누이 말한 거라 나도 그 책이 완성되는 걸 봤으면 좋겠는데 답답하군요. 사형 집행일을 조금 늦출 수 있다면 좋을 텐데……. 기회가 되면 히라이시 우지히토平石氏人 고등법원장을 만나도록 주선해보겠소. 그때 사정을 말해보는 게 좋겠소."

며칠 뒤 구리하라 소장의 방에서 히라이시를 만날 수 있었다. 구리하라가 일부러 청한 것인지 아니면 히라이시가 우연히 들른 것인지는 알 수 없었다. 나는 그에게 내 사건의 재판 과정이 공정하지 못했기 때문에 개인적으로 불복의 심경이지만 나라를 위해 한 의거인 만큼 죽음으로 대가를 치르는 것에 불만이 없다고 했다. 그러나 동양 대세의 흐름과 평화 정책에 관한 일본의 시정이 반드시 필요하다고 설명했다.

그는 내 이야기를 다 듣고 난 뒤에 감격한 얼굴로 말했다.

"내가 당신을 깊이 동정하지만 정부 기관이 하는 일을 어찌할 수 있겠소? 다만 당신이 지금 제시한 의견을 정부에 보고하도록 하겠소."

나는 그 말을 듣고 고마움을 표하며 이런 부탁을 했다.

"만약 허가할 수 있다면, 사형 집행 날짜를 한 달 남짓 늦추어주시오. 『동양평화론』이라는 책을 한 권 집필하고 싶소."

히라이시가 대답했다.

"어찌 한 달뿐이겠소. 설사 몇 달이 걸리더라도 특별히 허가하겠으니 걱정 마시오."

너무 선선히 그러겠노라 해서 내심 놀랐다. 사형 집행을 연기하는 게 그렇게 쉽게 이루어질 수 있는 일인가 반신반의하면서도 그가 워낙 큰소리를 치니까 기대하게 되었다. 사실 그 이야기를 꺼내면 히라이시가 펄쩍 뛸 거라고 예상한 터라, 그를 설득해야겠다고 생각했다. 그런데 말을 꺼내자마자 흔쾌히 그리해주겠다고 하니 어리둥절했다. 그래도 고등법원장이나 되는 사람이 빈말하랴 싶었다.

그를 만나고 나서 공소권을 포기했다. 항소하지 말라는 어머니의 당부도 있었지만, 설사 항소를 한다고 해도 아무 이익도 없을 것은 불 보듯 분명한 일이었다. 또한 집행일을 연기해주겠다는 고등법원장의 말이 진심이라면 굳이 더 생각할 것도 없었다.

히라이시의 말을 믿고 『동양평화론』을 저술하기 시작했다. 그러나 철석같이 약속했던 사형 집행일 연기는 이루어지지 않았다. 죽음이 그만큼 가까워진 것이다. 나는 죽음을 준비하기 위해 빌헬름 신부님을 불러달라고 했다.

3월 8일에 빌헬름 신부님이 형무소로 면회를 왔다. 나와 우리 가족을 천주님께 인도해주신 신부님을 만나니 마치 아버지를 만난 것처럼 기뻤다. 빌헬름 신부님은 프랑스 사람으로서 파리에서 동양 전교회 신학교를 졸업한 뒤 신품성사神品聖事를 받아 신부가 되었다. 그는 외국어 습득에 뛰어난 재능이 있어서 영어, 불어, 독일어, 로마 고대어까지 모르는 것이 없었다. 한국어도 반년 만에 능숙하게 구사했다. 1890년경에 한국에 와서 경성과 인천에서 몇 해를 살다가 1895년 즈음에 내 고향인 황해도로 와서 전교 활동을 했다. 그 즈음 우리 가족도 신부님을 만나 입교하게 되었다. 그 뒤 같이 전교 활동을 다니기도 했는데 이렇게 나를 위해 불원천리하고 달려와준 것이다. 53세의 빌헬름 신부님은 몇 년 사이에 흰머리가 더 늘어 있었다.

빌헬름 신부님이 인자한 미소를 지어 보이며 말했다.

"토마스, 많이 보고 싶었단다."

우리는 지난 몇 년 사이의 근황과 안부를 이야기하고 헤어졌다.

다음 날, 구리하라 소장의 배려로 미조부치 검사와 미즈노, 가마타 두 변호사 등의 입회하에 정근, 공근 두 동생과 빌헬름 신부님을 면회할 수 있었다.

동생들은 고향에 있는 가족들 안부를 전해주었다. 가족들을 끝까지 잘 부탁한다고 하자 두 동생의 눈시울이 젖었다. 할 말이야 얼마나 많으며 형을 먼저 떠나보내는 심정이야 얼마나 애통하랴마는 애써 담대한 모습을 보이는 두 동생이 더욱 애틋했다. 들로 산으로 뛰어다니며 우리 3형제는 얼마나 즐거웠던가. 내가 떠나고 난 뒤 동생들은 그 시절들이 기억날 때마다 문득문득 얼마나 비통하겠는가.

동생들이나 나나 서로의 마음을 마음으로 들여다보고 읽고 있었으므로 구태여 많은 대화를 하지 않았다. 눈빛으로 서로에 대한 걱정과 염려와 당부를 주고받았을 뿐이다. 그렇게 시간을 보내다 동생들과 헤어져야 할 때가 되었다.

동생들에게 말했다.

"내가 죽은 뒤에 나의 뼈를 하얼빈 공원 곁에 묻어두었다가 우리 국권이 회복되거든 고국으로 반장해다오. 나는 천국에 가서도 또한 마땅히 우리나라의 회복을 위해 힘쓸 것이다. 너희들은 돌아가서 동포들에게 각각 모두 나라의 책임을 지고 국민 된 의무를 다하며 마음을 같이하고 힘을 합하여 공로를 세우고 업을 이루도록 일러다오. 대한 독립의 소리가 천국에 들려오면, 나는 마땅히 춤추며 만세를 부를 것이다."

빌헬름 신부님은 다음 날에 또 오셔서 영생 영락을 위한 고해성사를 받아주셨다. 또 그다음 날 아침에 다시 감옥으로 와서 성제대례 미사를 열어주셨다. 이때 나는 영성체 성사를 성스럽게 받음으로써 천주님의 특별한 은총을 받을 수 있었다. 그 감사함은 이루 말할 수 없었다.

내가 한 일이 비록 한 사람을 죽인 일이었지만 다른 많은 사람을 살리는 일이었으며 평화를 위한 일이었다는 걸 하느님은 알아주실 거라는 마음이 깃들었다. 빌헬름 신부님의 미사가 이루어지는 동안 나는 마음으로 기도 드렸다.

'하느님, 사람들이 자신의 욕심 때문에 타인을 해치고 다치게 하는 일을 저지르고도 자신의 잘못을 깨닫지 못하고 있습니다. 강한 나라가 약한 나라를 짓밟고, 강한 자가 약한 자를 억누르는 일이 만연하고 있습니다. 더 많이 갖기 위하여 빼앗고 죽이고 해치고 있습니다. 하느님, 지금 일본이 저지르고 있는 이 침략과 수탈과 전쟁을 멈추게 도와주십시오. 그리하여 부디 저와 같이 원치 않는 살인을 저지르는 사람이 나오지 않도록 해주십시오. 제 의거의 뜻이 많은 사람들에게 알려지고 받아들여져서 이 잔인하고 참혹한 만행들이 멈추게 되기를 바라옵니다. 동양에 평화가 찾아오기를, 저의 죽음이 헛되지 않기를 바라고 또 바라옵니다.'

빌헬름 신부님의 미사는 내가 지금까지 보아온 어떤 미사보다도 숭고하고 아름답고 경건하게 이루어졌다. 이날 미사에는 쓰다 가이준 스님을 비롯하여 구리하라 형무소장, 지바 도시치와 다나카 등 감옥에 있던 일반 관리들까지 모두 와서 지켜보았다. 어떤 이들은 미사 도중에 흐느껴 울기도 했다.

3월 11일 오후 2시쯤 빌헬름 신부님이 다시 면회를 와서 말했다.
"토마스, 오늘 한국으로 돌아가야 해서 작별하러 왔다."

그와 나는 그대로 헤어지는 것이 아쉬워서 몇 시간 동안 함께 이야기를 나누었다. 우리는 마치 언제든 또다시 만날 수 있는 사람처럼 오래전의 추억을 회상하며 웃음 짓기도 했다. 그러다 마침내 떠나야 할 시간이 되자 빌헬름 신부님은 내 손을 꼭 잡고선 말했다.

"토마스, 우린 모두 죽는다. 조금 더 빨리 죽거나 조금 더 늦게 죽을 뿐이야. 중요한 건 죽은 다음의 세상이지. 그곳은 영원한 세계이거든. 인자하신 천주님께서는 너를 버리지 않을 것이다. 가서 먼저 기다리고 있어라. 곧 다 같이 만나자꾸나."

그리고 손을 들어 나를 향해 강복을 해주고 떠났다.

신부님과 헤어져 방으로 돌아왔다.

'동생들은 고향 집에 거의 다 갔을까. 봄이 곧 오면 고향 집 울타리에 진달래와 개나리가 흐드러지겠구나.'

바람 때문에 창문이 덜커덩 소리를 냈다. 나는 나무 침대에 누워 이불을 목까지 덮고 눈을 감으며 생각했다. 깊은 잠을 자고 일어나야겠다고.

기독교나 가톨릭에서는 죽으면
천국에 간다고 하고 불교에서는
윤회한다고 하지만 육체는 죽어도
영혼은 죽지 않는다는 믿음은
일치한다. 나 역시 안 의사처럼 죽음
이후에 영원히 사는 세계가 있다고
믿는다. 그렇지만 이곳을 떠나기
전에 남은 일을 하고 가야 한다.
어쩌면 그것은 처음부터 나에게
주어진 숙명일지도 모른다.

제3장
경천敬天,
하늘을 우러르는 마음으로

105년 전, 동서양에서 칭송한 용기

저격한 이는 현장에서 붙잡힌 후, 전날 오후 7시에 블라디보스토크를 경유해 하얼빈에 들어왔으며 이곳에 온 목적은 수많은 한국인을 살해한 이토에게 복수하기 위한 것이라고 밝혔다. 그는 체포 직후 아주 평온한 모습이었으며 두려운 빛이 전혀 없었다. 그리고 더는 말하기를 거부했다.

1909년 11월 18일의 싱가포르 신문 「싱가포르 프리프레스The Singapore Free Press and Mercantile Advertiser」는 '이토 백작 피살 상보'라는 제목의 기사에서 안중근 의사에 대해 이렇게 설명하고 있다. 기사에 의하면, 이토는 총에 맞은 뒤 "내가 당했어"라고 신음하면서 쓰러졌다. 열차 안으로 옮겨진 뒤 의식을 잃어가면서 "누가 쏘았나? 모리도 맞았나?"라고 물었다고 적고 있다.

당시 싱가포르는 영국의 식민지였기 때문에 제국주의 논리로 한국을 식민화하려는 일본의 최고위층을 한국인 젊은이가 사살한 사건에 관심이 많았다. 싱가포르 내의 다른 신문들도 이 사건을 적극적으로 다루고 있었다. 일본의 침략과 수탈에 시달려온 러시아와 중국의 신문들은 안 의사에게 일제히 찬사를 보냈다. 중국의 혁명가 쑨원孫文은 그의 거사를 치하하는 송축 시까지 지을 정도였다.

공功은 삼한三韓을 덮고 이름은 만국에 떨쳐나니
살아서는 100년을 못 채워도 죽어 1000년을 살리라.
힘없는 나라는 죄인이요 강한 나라는 재상이로구나.
처지를 바꾸어놓고 보면 이토 히로부미 역시 죄인이리.

중국은 1895년의 청일전쟁에서 패한 이후, 마관조약馬關條約, 즉 시모노세키 조약下關條約을 통해 랴오둥遼東 반도와 부속 도서를 빼앗겼으며 엄청난 전쟁 비용까지 일본에 배상해야 했다. 메이지明治 정부를 세운 당시 일왕 무스히토睦仁는 국왕을 중심으로 하는 절대주의적 국가를 내세우며 청일전쟁과 러일전쟁을 승리로 이끌어 일본 국민으로부터 지지를 받았다. 무스히토와 뜻을 같이하며 청일전쟁과 러일전쟁을 진두지휘한 사람이 바로 이토 히로부미였다. 러시아와 중국으로선 이토가 원수나 다름없었다.

이런 상황에서 안중근이 이토 히로부미를 처단하자 러시아와 중국은 모두 그의 결행에 박수를 보냈다. 중국인들은 자신들을 대신하여 원수를 갚아준 '살신성인의 영웅'이라고 극찬했다. 이토의 죽음은 일본을 제외한 모든 나라 모든 국민에게 경사였다.

안 의사는 하얼빈에서 1차 심문을 받은 후 뤼순 형무소로 이송되어 사형이 집행될 때까지 그곳에서 지냈다. 뤼순 형무소는 1902년에 러시아가 동북 3성(랴오닝 성, 지린 성, 헤이룽장 성)의 중국인들을 제압하고 탄압하기 위해 만들었지만 1905년 러일전쟁에서 패한 뒤 일본이 사용했다. 뤼순에 관동도독부가 들어서면서 1907년에 지상과 지하에 약 275개의 여러 형태의 감방을 만들어 이천여 명을 동시에 수용할 수 있도록 확장했다.

주로 일본에 저항하는 한국인, 중국인, 러시아인 등이 수감되었는데, 일본의 제국주의 광풍이 극에 달했던 1906~1936년 사이에는 수감자가 연간 이만여 명에 달했다고 한다. 반일 감정이 커지면서 투쟁 양상이 격렬해지자 일본의 통치 방법은 더 잔혹해졌다. 뤼순 형무소 수감자들에 대한 고문은 나날이 잔인해져서 고문을 견디다 못해 자백하는가 하면 고문 후유증으로 죽음에 이르는 사람들이 적지 않았다. 뤼순 형무소 내에서 제공하고 있는 기록 중 초옥곤이란 사람의 증언에 의하면, 이런 고문들이 이루어졌다고 한다.

> 복방공인의 파업을 주도했던 후립감이 감옥에 갇힌 후, 간수는 그를 호랑이 의자에 묶어놓고 고무관을 입에 꽂아 물을 부어 배가 불러오면 목판으로 배를 눌렀다. 핏물이 입, 코, 항문으로 나왔다. 그가 기절하면 간수가 찬물을 부었고, 의식을 회복하면 그의 발밑에 벽돌을 괴었다가 30분 후 밧줄을 풀어주면 걸을 수가 없었다. 간수는 또 그의 손을 책상

에 고정하여 강철로 만든 침으로 손톱 밑을 찔렀다.

아버지 요시히토嘉仁가 사망한 1926년 스물다섯 살에 일왕이 된 히로히토裕仁는 어렸을 때부터 제국주의자였던 노기 마레스케乃木希典 장군에게 군국주의 교육을 받은 인물로 전쟁을 통한 영토 확장을 당연하게 생각하는 사람이었다. 그는 1930년대에 중국과 전쟁을 벌였고 독일, 이탈리아와 손을 잡고 제2차 세계대전을 일으켰다. 이미 한국과 대만은 식민지로 만든 상태였으며, 1937년 7월엔 중국을 침략하여 중일전쟁을 일으켰다. 이 무렵 독일, 이탈리아와 삼국동맹을 맺은 일본은 '대동아공영권'이라는 미명하에 동북아시아를 지배하겠다는 욕망을 키우고 있었다. 그러자 미국과 영국은 일본의 팽창정책이 세계 평화를 위협하고 있다고 판단, 일본을 적극적으로 견제하기 시작했다.

압박을 느낀 일본이 1941년 12월 7일, 미국 하와이 제도에서 세 번째로 큰 섬인 오아후Oahu의 진주만을 공격했다. 일본과 연합국 사이에서 벌어진 태평양전쟁은 1945년 8월에 미국이 일본에 원자폭탄을 떨어뜨리면서 막을 내렸다. 히로히토 국왕은 전의를 상실하고 1945년 8월 15일에 항복을 선언했다. 그때 한국, 타이완 등 일본의 식민지로 있던 나라들이 독립했다.

일본이 철수한 뒤 뤼순 형무소도 더는 감옥으로 사용되지 않았다. 1971년에 중국 정부가 전시관으로 꾸며서 일반인들에게 개방했고, 1988년에는 국가중점역사문화재로 지정되었다. 일본이 태평양전쟁에서 항복하기 전 1907년부터 1940년대 중반까지 뤼순 형무소에는 한국, 중국, 러시아의 대표적인 반일 투쟁 인사들이 상당수 구속되어 있었다. 한국의 독립운동가였던 신채호 선생과 이회영 선생 역시 뤼순 형무소에 수감되었다가 순국했다.

안중근 의사의 공판은 1910년 2월 7일 시작하여 2월 14일까지 모두 여섯 번 열렸다. 여섯 번째 공판에서 사형 판결이 내려졌다. 당시 일본은 한국을 식민지화하는 과정에서 마치 한국의 여론이 합방을 원하는 것처럼 호도하고 있었다. 그런데 안 의사의 거사로 자신들의 거짓말이 드러나고 국제적으로 비난 여론이 일자 어떻게든 이 사건을 서둘러 종결시키려고 했다. 자기 몸을 던져 이토를 죽임으로써 일본의 만행을 세계에 알리고자 한 안 의사의 저격 의도가 심문 과정에서 밝혀지면서 그 사실이 속속 세계 언론에 기사화되고 있는 상황이었다.

> 세기적인 이 재판의 승자는 안중근이었다. 그는 월계관을 거머쥐고 자랑스럽게 법정을 나갔다. 그의 증언으로 말미암아 이토 히로부미는 한낱 파렴치한 독재자로 전락했다.
>
> -영국 신문 「더 그래픽The Graphic」

중국 내의 언론사들도 일제히 경축 기사를 내보냈다.

> 한국의 원수는 우리에게도 원수이다. 한국 사람이 자기네 나라 원수를 갚았다고 하지만 우리의 원수도 갚은 것 아니겠는가?
>
> -중국 신문 「민우일보民籲日報」

베이징의 「정종애국보正宗愛國報」 신문은 '조선에 인재가 없다고 말하지 마라'라는 타이틀로 안중근 의사의 거사를 대서특필했다. 또한 중국의 개혁 사상가 량치차오梁啓超는 "다섯 발자국에 피 솟구치게 하여 대사를 이루었으니 웃음소리가 대지를 진동하누나. 장하다 그 모습, 영원토록 빛나리라"라며 안중근의 의거를 찬양했다. 이 외에도 중국의 많은 지식인과 정치인, 신문사에서 안중근 거사의 정당성과 역사적 의의를 높이 평가했다.

　　안 의사의 사형 집행일이 1910년 3월 26일로 확정되자 사형이 집행되면 안 된다는 여론이 국내외에서 들끓었다. 일본은 한국의 식민지화를 눈앞에 두고 있는 시점에서 저항 세력을 어떻게 응징하는지 대외적으로 보여줄 필요가 있었다. 안중근을 강력하게 처벌함으로써 제2, 제3의 안중근이 나오지 못하도록 위협하고 싶었던 것이다.

　　안 의사는 죽음을 담담하게 받아들였다. 다만 자신이 왜 이토 히로부미를 죽여야만 했는지는 세상이 알아주기를 바랐다. 일본과 이토가 한국과 중국, 러시아에 저질러온 만행이 알려져야 국제 여론의 영향으로 일본을 제지할 수 있기 때문이었다. 그러지 않으면 그저 자신은 한낱 살인자에 불과했다.

　　2월에 자신의 변론을 맡았던 안병찬 변호사를 만났을 때 안 의사는 한 장의 메모지를 건넸다. 그 내용은 세상 사람들에게 전하는 유언이나 다름없었다. 그것은 안중근 의사가 사형당하기 전날인 3월 25일 「대한매일신보」에 '동포에게 고함'이라는 제목으로 실렸다.

내가 한국 독립을 회복하고 동양 평화를 유지하기 위하여 3년 동안을 해외에서 풍찬노숙하다가 마침내 그 목적을 달성하지 못하고 이곳에서 죽노니, 우리들 2000만 형제자매는 각각 스스로 분발하여 학문을 힘쓰고 실업을 진흥하며, 나의 끼친 뜻을 이어 자유 독립을 회복하면 죽는 여한이 없겠노라.

이 글이 실린 다음 날 결국 안중근 의사가 사형을 당하자, 당시 중국의 총통이었던 장제스蔣介石는 장례식 때 이런 추모의 글을 써 보냈다.

위대한 별이 어젯밤에 강물 위에 떨어졌는데
하늘도 애통해하고 땅도 비통해하는데 물만 스스로 흐르는구나.
몸은 비록 한국에서 났지만 그 이름은 천하만국에 떨쳤도다.
인생이 100세를 살지 못하는데 그는 죽어서도 1000년을 살겠구나.

안 의사의 사형 소식은 국민 전체의 슬픔이었다. 모두가 그의 죽음을 애도하며 길고 긴 하루를 보냈다.

인간 안중근과 영웅 안중근

사람들은 '안중근'이란 이름에서 조금의 흐트러짐도 없는 비범한 영웅의 이미지를 떠올린다. 다른 사람들보다 겁이 없었을 거라든지 원래부터 냉철한 판단력을 지니고 태어났을 거라고 추정한다. 즉, 그의 영웅다움은 타고났을 거라는 것이다.

안중근 의사의 흔적을 30년 가까이 찾아다닌 나로선 '비범'에 가까운 영웅으로서의 안중근이 아닌 정 많고 인간적인 '범인'으로서의 안중근이 실제 안중근에 더 가까울 거라고 생각한다. 다만 그의 성정과 정의감이 평범한 사람으로서 가진 한계와 두려움을 극복하게 하지 않았을까 싶다.

무엇보다도 그는 정이 많은 사람이었다. 안 의사의 자서전에 의하면, 어려서부터 자신을 돌봐주신 친할아버지가 돌아가셨을 때 그 슬픔이 너무 커서 열네 살의 어린 나이에 마음의 병을 반년이나 앓았다고 기록하고 있다. 누구보다도 섬세한 감성을 지녔다는 걸 짐작하게 하는 대목이다.

또한, 어려서부터 사냥을 좋아해서 사냥꾼을 따라다니며 기술을 배웠다고 한다. 친구들은 "너의 부친은 문장으로 세상에 이름을 떨쳤는데, 너는 어째서 무식하고 하찮은 인간이 되려고 하느냐?"라고 따졌다. 웬만하면 창피하거나 기분 나쁘게 생각할 텐데 안 의사는 이렇게 대답했다.

"너희 말도 옳다. 그러나 내 말도 좀 들어봐라. 초패왕楚霸王이 말하기를 '글은 이름이나 적을 줄 알면 그만이다'라고 했다. 그랬는데도 만고 영웅 초패왕의 명예가 오히려 천추에 길이 남아 전한다. 나도 학문으로 세상에 이름을 드러내고 싶지는 않다. 초패왕도 장부고 나도 장부다. 너희는 다시 내게 학업을 권하지 마라."

그의 자서전을 보면 그는 또래들보다 힘이 세고 체격이 좋았던 것같다. 그런 그가 17, 18세에 자신이 좋아하고 즐긴 것 네 가지를 다음과 같이 꼽았다.

첫째는 친구들과 의리를 맺는 것이오.
둘째는 술 마시고 노래하고 춤추는 것이오.
셋째는 총으로 사냥하는 것이오.
넷째는 날쌘 말을 타고 달리는 것이다.

남자다운 기개와 함께 풍류도 즐길 줄 아는 청년이었던 것이다. 궁금한 게 있으면 당장 행동으로 옮기는 성격이라서 다른 동네에 괜찮은 청년이 있다는 소문을 들으면 거리를 따지지 않고 말을 타고 달려 가 만났다고 한다. 그리고 뜻이 맞으면 당시의 기울어가는 나라 정세를 주제로 밤새 토론했다. 더러 기방에 가서 술을 마시며 춤도 추고 노래도 불렀다.

기방에 다녔다고 하면 지금 사람들은 혹 불순한 상상을 할지도 모르겠다. 물론 돈 많은 한량이 기생과 함께 술 마시며 놀려고 기방에 가는 경우가 흔했지만, 남자들끼리 비밀 회동을 하거나 단순히 유흥을 즐기고 싶을 때에도 기방에 갔다. 지금이야 어디든 노래방이 있어서 다른 사람 의식하지 않고 놀 수 있지만, 그땐 방을 빌려 친구들끼리 놀고 싶을 때 기방에 갔다. 그런 경우에는 방에 기생을 거의 들이지 않는다. 그는 방에 들어온 기생들에게 따끔한 충고를 해준 적도 있다고 자서전에 썼다.

> "너희는 뛰어난 자태와 얼굴을 가졌으니 호걸 남자와 짝을 지어 같이 늙는다면 그 얼마나 좋은 일이겠느냐? 그런데 왜 그렇게 하지 못하고 돈 소리만 들으면 침 흘리며 실성한 사람처럼 염치 불고하고 오늘은 장씨, 내일은 이씨에게 붙어 금수 같은 행동을 하는 것이냐?"

이 말을 들은 기생들이 기분 나빠 하며 불손하게 대하면 욕을 퍼부었다고 한다. 친구들은 하고 싶은 말을 다 한다고 해서 '번개처럼 빠른 입'이라는 의미의 '전구電口'라는 별명을 그에게 붙여주었다. 이런 면면으로 보아 아마도 그의 성향은 다혈질에 가까웠던 것 같다. 이런 점

때문에 안 의사의 부친은 아들 이름을 '응칠'에서 무거워지라는 의미의 '중근'으로 개명해주었다. 이름을 바꾼 후에도 가족들은 여전히 응칠이라는 이름으로 불렀고 안 의사 역시 그게 더 편했던 것 같다. 뤼순 형무소에서 쓴 자서전 제목도 '안중근 역사'가 아니라 '안응칠 역사'이다.

안중근 의사 관련 자료들을 보면 늘 붙어 있는 '호'가 있다. 연유도 모른 채 많은 사람이 습관처럼 '도마 안중근'이라고 부른다. '도마'는 '토마스'의 한국식 발음이다. 그러니까 정확하게는 '토마스 안중근'이다.

안 의사의 가족과 친척이 천주교에 입교하여 1897년에 서른세 명이 프랑스인 선교사 빌헬름 신부님(홍 신부님이라고도 함)에게 세례를 받았는데 그때 받은 세례명이 토마스였다. 그의 나이 열아홉 살이었다.

그 후 몇 년 동안 빌헬름 신부님한테 교리를 배웠는데 이때 인간의 존귀함, 삶과 죽음에 대한 인식, 세계관 등에 영향을 받았을 것이라 짐작된다. 자서전에서 그때를 회상하며 '나는 믿음의 덕목이 차츰 굳어지고 독실하게 하느님을 믿어 의심치 않게 되었다. 천주 예수그리스도를 숭배하며 지내는 동안 날이 가고 달이 가서 몇 해가 흘렀다'라고 적고 있다.

그 뒤 평신도의 신분으로 빌헬름 신부님과 함께 전도를 하러 다녔는데, 사람들에게 한 연설을 보면 그가 정의, 구원, 사람, 죽음 등에 대해 어떤 믿음을 가지고 있었는지를 알 수 있다.

하늘과 땅 사이의 큰 아버지요, 큰 군주이신 천주님께서는 하늘을 만들어 우리를 덮어주시고, 땅을 만들어 우리를 떠받쳐주시며, 해와 달과

별을 만들어 우리를 비춰주시고, 만물을 만들어 우리로 하여금 쓰게 하시니, 실로 그 크신 은혜가 끝이 없습니다. 그런데 만일 사람들이 이를 잊어버리고 제가 잘난 줄 알고 충성과 효도를 다하지 않고, 은혜에 보답하는 기본 의리를 망각한다면 그 죄는 비길 데 없이 큰 것입니다. 이 어찌 두렵고, 삼가야 할 일이 아니겠습니까? 공자님도 일찍이 말씀하시지 않았습니까? '하늘에 죄를 지으면 빌 데도 없다'라고 말입니다.

천주님은 지극히 공정해 착한 일에 대해 반드시 보답해주고, 악한 일에 대해서는 반드시 벌을 버립니다. 공적과 죄과의 심판은 몸이 죽는 날 행해지는 것입니다. 착한 이는 영혼이 천당에 올라가 영원무궁한 즐거움을 받을 것이요, 악한 자는 영혼이 지옥으로 떨어져 영원히 끝없는 고통을 받게 되는 것입니다.

(……) 만일 어떤 사람이 다른 한 사람을 죽여서 시비를 가릴 때, 죄가 없으면 그만이고, 죄가 있다면 그 한 사람만 다스리는 것으로 족할 것입니다. 그러나 어떤 사람이 수천만 명을 죽인 죄를 지었다면, 어찌 그 한 몸뚱이만 가지고 그 죄를 다 갚을 수 있겠습니까? 그리고 또 만일 어떤 사람이 수천만 명을 살린 공로가 있다고 한다면, 어떻게 잠깐 스쳐 지나가는 이 세상의 부귀영화로써 그 상을 다 주었다고 할 수 있겠습니까?

(……) 천주님은 모든 것을 할 수 있고, 모든 것을 알며, 죄악에 물들지 않고 오로지 착하기만 하며, 지극히 공정하고, 더없이 의로운 분이기 때문에 사람의 목숨이 다할 때까지 너그러이 기다려주십니다. 그러다가 사람이 세상을 떠나는 날, 선악의 경중을 심판해 죽지도 않고 사라

지지도 않는 영혼으로 하여금 영원무궁한 상벌을 받게 하는 것입니다. 상은 천당의 영원한 행복이요, 벌은 지옥의 영원한 고통으로서, 천당에 오르고 지옥에 떨어지는 것은 한 번 정해지면 다시 변동이 없는 것입니다.

이처럼, 하느님을 믿는 자로서의 가장 기본적인 도리가 나라에 대한 충성과 부모님에 대한 효도라고 생각했기에 국가의 존망이 걸린 시기에 자신을 던져 거사를 실행에 옮겼다는 걸 알 수 있다. 또한 공자를 인용하여 '하늘에 죄를 지으면 빌 데도 없다'라고 했다. 즉, 살아가면서 죄를 짓는다는 것은 곧 하늘(하느님)에 죄를 짓는 것과 같다는 이야기이다. 그러면서 선하고 의로운 일을 하다가 세상을 떠난다면 하느님이 천당의 영원한 행복이라는 상을 줄 거라고 말했다. 이런 믿음이 있었기 때문에 그는 죽음을 무릅쓴 거사를 행동에 옮길 수 있었으며, 사형을 당하면서도 당당할 수 있었다. 하느님 나라에서 영원히 살 수 있다는 믿음이 있었기 때문이다.

거사 직후 체포되어 하얼빈에 있는 일본영사관에 끌려가 미조부치 검사에게 심문을 받으면서도 안 의사는 당당하게 자신의 생각을 밝혔다. 이토를 왜 죽였느냐는 물음에, 자신에게 불리한 영향을 미칠 걸 뻔히 알면서도 일본과 이토 히로부미를 단죄하기 위해서 사살했다고 대답했다. 이런 태도에 감명받은 미조부치 검사가 이렇게 말했다.

"당신의 진술을 들으니 당신은 참으로 동양의 의사라 할 수 있겠소. 당신은 국가를 위해 의로운 일을 했으니 절대로 사형을 받지는 않을 것이오. 걱정하지 마시오."

그러나 안중근 의사는 그 말에 고마워하기는커녕 이렇게 대답했다.

"내가 죽고 사는 것은 논의할 필요가 없소. 단지 내가 왜 이토를 죽였는가는 빨리 일왕에게 전하시오. 이토 히로부미가 지금까지 해온 잘못된 정략을 고쳐 동양 전체의 위기를 바로잡아야 하오."

자신은 할 일을 했으니 일본의 법 따위에 목숨을 구걸하지 않겠다는 것이다. 한국에 대한 일본의 통치권 자체가 억지인데 그런 일본인을 죽인 죄로 일본의 법적 처벌을 받는 것이 처음부터 부당하다는 의미이기도 하다. 그러니 애초에 자신이 목적으로 삼았던 이 거사의 이유에 대해서나 사실대로 세상에 알려달라는 것이다. 거사 후 사형을 당할 때까지 안 의사의 언행은 흔들림이 없었다.

안중근은 재판과 관련해 많은 일본인을 만났다. 뤼순 형무소에서도 마찬가지였지만 그의 당당하고 신념에 찬 언행은 많은 일본인의 고개를 숙이게 만들었다. 일본인들은 그 시기에 반일 투쟁으로 잡혀 온 한국, 중국, 러시아의 다양한 사람들을 접했다. 대다수는 심문 과정에서 주눅이 들거나 뤼순 형무소에서 수감 생활을 하면서 나약한 모습을 보였을 것이다.

죽음 앞에서 초연한 사람이 몇이나 되겠는가. 안중근 의사 역시 사랑하는 가족을 두고 떠나고 싶지는 않았을 것이다. 그러나 그것보다 더 싫은 건 살기 위해서 일본인들 앞에서 비굴해지는 일이었는지 모른다. 할아버지를 잃고 반년이나 앓을 정도로 정이 많고, 춤과 노래를 좋아하며 풍류를 즐길 줄 아는 남자가 안중근이었다. 하고 싶은 말을 참지 않아 '전구'라는 별명을 얻을 정도로 그는 감정에 솔직하고 활달한 사람이었다. 그런 그가 유독 일본인들 앞에서는 한 치의 흐트러짐도 없는 모습을 보여주었다. 그만큼 일본인들에게는 나약한 모습을 보여주고 싶지 않았던 듯하다. 그를 만난 일본인들 대다수가 그에게 경외감을 품은 것도 그런 데에 이유가 있었던 건 아닐까 짐작해본다.

그에 대한 특별한 경외감은 그를 바라보는 것만으로 각인되기도 했다. 하얼빈 역에서 안중근은 이토로 의심되는 남자를 향해 총을 세 발 쏘았다. 그리고 그 남자가 이토가 아닐 경우를 계산해 측근의 네 명에게도 한 발씩 맞췄다. 그중 한 발이 만저우 철도 이사였던 다나카 세이지로의 왼쪽 무릎을 맞췄다. 가슴 부위를 정확하게 맞았더라면 그 역시 죽었을지 모른다. 다나카 입장에선 안중근 의사에 대한 기억이 좋을 리 없었다. 그런데 오랜 세월이 지나 그때 일을 회고하며 그는 이렇게 말했다.

"나는 당시 현장에서 십여 분간 안중근을 볼 수 있었다. 그가 총을 쏘고 나서 의연히 서 있는 모습을 보는 순간, 마치 신神을 보는 느낌이었다. 음산한 신이 아니라 광명처럼 밝은 신이었다. 그는 참으로 태연하고 늠름했다. 나는 그같이 훌륭한 인물을 일찍이 본 적이 없다."

그날 안 의사가 보여준 행동은 스스로 살고자 하는 희망을 내려놓았기 때문에 가능한 것이었다. 이토를 죽이기로 한 순간 성공하든 실패하든 자신은 죽게 될 거라는 사실을 이미 알고 있었다.

사람들은 안중근을 가리켜 영웅이라고 말한다. 어떤 사람이 영웅으로 불리는 걸까? 프랑스의 소설가 로맹 롤랑Romain Rolland은 영웅의 조건에 대하여 이렇게 말하고 있다. 안중근 의사에게 꼭 맞는 말이다.

나는 사상이나 힘으로 승리한 사람을 영웅이라고 부르지 않는다.
다만 마음으로 위대했던 사람을 영웅이라고 부른다.

국적과 종교를 초월한 우정

안중근 의사의 32년 짧은 삶을 이야기할 때 이토 히로부미를 저격한 의거보다 더 드라마틱한 이야기는 뤼순에서 꽃핀 우정이다. 안 의사는 체포된 이후 사형이 집행될 때까지 일본 판사들과 헌병들, 교도소장과 간수 등 거의 일본인들과만 대면했다.

일본인들에게 이토 히로부미는 네 차례나 총리를 지낸 위대한 인물로 꼽힌다. 아시아 침략에 앞장서며 조선 식민화의 발판을 마련해놓은 이토 히로부미를 사살한 안 의사에게 일본인들의 증오심은 클 수밖에 없었다. 자국의 전쟁 영웅을 죽였으니 적개심으로 그를 해친다 해도 말릴 사람이 없는 상황이었다.

그러나 안 의사를 만나는 일본인마다 그에게 동화되었다. 증오심과 적개심을 눈 녹듯 사라지게 하는 마력이라도 있었던 듯하다. 도저히 우정이 싹틀 수 없는 관계에서 신뢰와 우정이 만들어졌기 때문이다. 그중에서 가장 극적인 관계의 주인공이 바로 지바 도시치다.

지바는 안 의사가 하얼빈에서 뤼순 형무소로 호송될 때 그를 담당했던 헌병이다. 안중근 의사보다 서너 살 어렸던 그는 군인으로서의 자부심이 컸던 인물이었다. 그런 만큼 이토를 사살한 안중근의 호송을 맡았을 때 당장이라도 그를 죽여버리고 싶었을지도 모른다.

뤼순 형무소에 도착해서는 안중근 의사의 담당 간수로 있으며 법원으로 재판을 받으러 다닐 때에도 호송을 맡았다. 10분 거리에 있는 관동도독부 내 법원으로 재판을 받으러 가는 날에는 안 의사를 태운 마차를 직접 몰았다. 그 이후에도 안 의사에 대한 지바의 존경심은 그가 죽을 때까지 지속되었다.

지바 도시치의 안 의사에 대한 흠모는 단순히 존경심 그 이상의 것이었다. 절대적인 추앙이었다. 일본에서의 군인 정신은 사무라이 정신과 일맥상통한다. 자신이 섬기는 군주에게는 죽을 때까지 목숨을 다한다는 전통이 있다. 지바가 보여준 모습은 거의 그것과 비슷하다. 그만큼 안 의사에 대한 숭모의 마음이 깊었다. 안 의사의 인품과 그의 사상에 경외감을 가졌을 것으로 짐작된다.

그렇기 때문에 안 의사의 사형이 집행된 후 고향으로 내려가 평생 안 의사를 숭모하며 살았던 것이다. 더욱이 자신이 죽은 후에도 후손들이 자신과 똑같이 안 의사를 추모해주기를 바랐다는 것도 그런 정황을 생각하게 한다.

사형이 확정된 1910년 2월 14일 이후부터 안 의사의 방에 붓과 종이가 지급되었다. 안 의사는 그 기간에 이백여 점의 글을 써서 감옥 내 사람들에게 주었다. 수감 생활 동안 안중근의 언행에 매료되어 그의 글씨를 받고 싶어 하는 사람들이 많았다. 그때 '위국헌신군인본분'을 써서 법원에 있는 지바에게 주었다고 한다.

군인인 지바에게 왜 이런 글귀를 써주었을까? 아마도 이런 뜻이 담겨 있었던 것 같다.

'내가 너희 나라 총리를 죽인 것도 군인으로서의 본분인 나라를 지키고자 함이었다. 너 역시 너희 나라 군인으로서 너의 본분을 다하고 있는 것 아니겠느냐. 우리는 그렇게 각자 군인으로서의 본분을 다하자.'

두 사람 다 각자의 국가를 위해 싸우는 군인으로서 서로에게 총을 겨누는 상황이지만 그것은 군인의 '본분'에 속하니 너무 슬퍼하지 말라는 뜻도 담겨 있다. 그 글씨는 지바에게 일생 최고의 선물이 되었다. 지바는 안중근 의사의 사형 집행 후 안 의사가 써준 붓글씨를 가지고 전역했다.

고향 센다이로 돌아가 절 다이린지에 안 의사의 위패를 모셔놓고 20년 넘게 매일 추모 기도를 드렸다. 그러다 죽음을 앞두고선 자기 아내에게 "내가 죽으면 안 의사의 영정 옆에 내 영정을 놓고 함께 추모해주시오"라고 유언을 남겼다. 그의 아내는 한 번도 본 적 없는 안중근 의사의 영정 앞에서 이십여 년간 매일 추모 기도를 드렸다. 지바 부부에게는 자식이 없어 조카 미우라三浦를 양녀로 삼고 있었다. 미우라는 지바 부부의 유언에 따라 안중근 의사, 지바, 지바의 아내를 위해 매일 추모 기도를 올리고 향을 피웠다. 그러다 1979년 안중근 탄생 100주년에 그때까지 보관하고 있던 유묵 '위국헌신군인본분'을 안중근의사 숭모회에 기증했다. 그 유묵은 현재 남산에 있는 안중근의사기념관에 보관되어 있다.

하나의 유묵을 그렇게 소중히 간직하며 백여 년 세월을 지켜왔다는 것은 가족도 하기 힘든 일이다. 대를 이어 안중근 의사를 추모해온 지바의 아내와 양녀 미우라도 대단하지만, 가장 대단한 건 지바 자신이 죽은 뒤에도 추모가 계속 이어지기를 바라는 마음에서 아예 유언으로 남겼다는 것이다.

지바 도시치와의 우정 다음으로 손꼽히는 이야기는 뤼순의 교화승으로 와 있던 쓰다 가이준과의 각별했던 우정이다. 쓰다 가이준 스님은 뤼순 형무소 내의 죄수들을 교화하기 위해 와 있었던 것으로 보인다. 당시 기록이 남아 있지 않아 스님이 자발적으로 왔는지 뤼순 형무소 측의 부탁을 받아 왔는지는 알 수 없다. 미루어 짐작해볼 수 있는 건, 사형 집행일에 사형수들에게 불교적 의식을 해주었을 거라는 것이다.

어떻게 스님과 가톨릭 신자가 가까워질 수 있었을까. 서로 갈등 없이 우정을 유지하게 된 데에는 자신들의 종교를 상대방에게 강요하지 않았기 때문으로 보인다. 특히 안중근 의사의 서예 솜씨를 높이 평가했던 쓰다 가이준 스님은 사람들 눈을 피해 안 의사 방에 종이와 벼루, 붓 등을 넣어주어 붓글씨를 쓸 수 있게 했던 것으로 알려져 있다. 안 의사의 인품과 사상을 흠모하고 있던 간수들은 알면서도 묵인했다고 한다. 그렇게 해서 붓글씨가 완성되면 쓰다 가이준 스님이 받아서 보관했다.

스님을 향한 신뢰가 얼마나 깊었는지, 안중근 의사는 사형을 앞두고 유묵을 포함한 유품들을 스님에게 맡겼다. 그만큼 스님을 믿었다는 이야기도 되지만, 가족이나 친지에게 주었다가는 한국에 들어가자마자 일본 헌병들에게 금방 빼앗길 수 있다는 판단이었을 수도 있다. 스님들은 어느 정도 치외법권의 영역에 있었다. 쓰다 가이준 스님은 일본으로 돌아갈 때 안 의사의 유품을 그대로 가져가 자기가 주지로 있는 오카야마岡山 현의 조신지靜心寺 지하 창고에 보관했다.

그 뒤 쓰다 가이준 스님은 그 사실을 까마득히 잊은 채 열반했다. 그의 뒤를 이어 조카 쓰다 고도津田康道가 조신지 주지가 되었다. 그는 삼촌의 유품을 정리하던 중에 창고에서 안 의사가 맡겨두었던 물건들을 발견했다. 낡고 쓸모없는 것으로만 비쳐 무심하게 소각장에 던졌다. 그런데 물건들이 불타기 시작할 즈음 이상한 예감이 들어 불을 끄고 자세히 들여다보았다. 전문가에게 물어본 결과 안중근의 유품이라는 사실을 알았다. 그는 그 자료들을 1997년 6월에 류코쿠龍谷 대학 사회과학연구소에 기증했다. 대학 연구자들은 유묵의 가치와 의미를 연구하다 안 의사의 동양평화론에 매료되어 '안중근동양평화연구센터'를 설립했다.

이 센터에는 안중근 의사에 대한 희귀 자료들이 상당히 많다. 무엇보다도 센터에 기증된 자료 중에는 쓰다 가이준 스님의 일기장도 있다. 쓰다 가이준 스님은 일기를 매일 썼는데 기증한 일기장들 중에는 뤼순 형무소를 출입하던 시절에 쓴 것도 있다. 이 일기장을 아직 보지는 못했지만 안중근 의사에 대한 밝혀지지 않은 이야기들이 쓰여 있을 것으로 짐작된다.

내가 가장 궁금한 건 두 사람이 어떻게 우정 이상의 친분을 쌓게 되었을까이다. 그리고 안중근은 어떻게 일본의 총리를 사살하고도 그를 만나는 대부분의 일본인에게서 존경을 받을 수 있었을까?

아무리 나쁜 사람이라도 누군가에게는 호감일 수 있고, 아무리 좋은 사람이라도 누군가에게는 반감을 줄 수 있다. 그런데 안중근의 경우는 상대 나라의 총리를 사살한 사람인데도 그 나라 사람들의 생각을 바꿔놓았다. 안중근 의사를 만났던 대부분의 일본인이 그를 추앙하고 존경하게 되기까지 우리가 짐작하는 그 이상의 면모들이 있었을 것이다. 도대체 그는 어떤 사람이었을까? 알면 알수록 더욱 궁금해지는 사람이 안중근이다.

국적과 종교를 초월하여 이루어진 우정이었기에 이렇게 긴 세월이 지났는데도 그때의 유묵들이 보존되어 있는 건 아닌가 하는 생각이 든다. 조금 더 욕심을 내자면, 류코쿠 대학의 안중근동양평화연구센터에 보관되어 있는 안중근 의사의 유묵들과 사진들을 돌려받았으면 하는 것이다. 엄밀하게 말하면 그것들의 원래 소유권은 안 의사에게 있고, 쓰다 가이준 스님에게 맡겨두었을 뿐이기 때문이다. 나아가 기회가 된다면 센터에 있는 쓰다 가이준 스님의 일기장들을 열람해보고 싶다.

경천, 하늘을 우러르는 마음으로

안중근 의사의 유묵 '경천'이 백여 년 만에 한국으로 돌아왔다. 정확하게 말하면 '돌아왔다'는 표현은 맞지 않는다. 그가 그 글씨를 쓴 건 뤼순 형무소에서였고, 뤼순 형무소장이 일본으로 가지고 갔다가 한국에 들어오게 된 것이기 때문이다. 한국에 오기까지 우여곡절도 많았지만 이 일에 관계된 이들이 초종교적으로 합심했다는 점에서 가장 큰 의의를 가진다.

뤼순 형무소의 형무소장 구리하라 사다키치는 안중근 의사의 가장 든든한 지지자였다. 사람들은 헌병 지바 도시치가 죽을 때까지 안 의사를 숭모했다든가 쓰다 가이준 스님에게 안 의사가 유품을 맡겼다는 일화를 내세우며 이들과의 특별했던 우정을 많이 이야기한다. 물론 그 두 사람과의 우정이 특별한 건 사실이다. 그런데 그 저변에는 구리하라의 묵인과 방조가 깔려 있었다.

뤼순 형무소에서 가장 큰 영향력을 가진 사람은 당시 형무소장이었던 구리하라였다. 그가 안중근 의사에게 반감을 가지고 적대적으로 대했다면 뤼순 형무소 내에서 아무도 안 의사에게 호의를 베풀지 못했을 것이다. 그러나 감옥에서 안 의사는 고문도 받지 않았고 지바를 비롯하여 감옥 내 모든 관리들이 잘 대해주었다. 실제로 안중근 의사는 자서전에 '구리하라를 비롯하여 감옥 내 일반 관리들도 모두 친절을 베풀어주었다'라고 적고 있다. 쓰다 가이준은 스님의 신분이면서도 수시로 가톨릭 신자인 안 의사를 만났다. 이 모든 게 구리하라의 동의나 허락 없이는 불가능했다.

이런 정황을 들여다볼 때 안중근에 대한 지바 도시치의 호감 또한 안 의사를 대하던 구리하라의 태도에서 영향을 받았을 가능성이 크다. 실제로 구리하라는 안중근 의사의 사상과 성품에 반해 그를 돕고 싶어 했다. 사형 판결이 나온 후, 고등법원장 히라이시를 만나게 주선해준 사람도 구리하라였다. 구리하라는 히라이시가 안 의사와 따로 대화를 나눠보면 그에게 설득당하거나 정상참작을 하게 될 거라고 확신했던 것 같다. 그 자신이 그랬던 것처럼.

자서전에 의하면 히라이시를 만난 안중근은, 자신이 개인적으로는 사형 판결에 불복하는 이유와 동양 평화를 위해 한국, 중국, 일본 등이 어떻게 화합해야 하는지를 피력했다. 이야기를 다 듣고 난 히라이시는 할 수 있는 대답이 많지 않았다. 이미 일본 정부로부터 신속히 사형을 집행하라는 압력을 받고 있었기 때문이다.

히라이시는 의례적으로 이렇게 말했다.

"내가 당신을 깊이 동정하지만 정부 기관이 하는 일을 어쩔 수 있겠소? 다만 당신이 지금 제시한 의견을 정부에 보고하도록 하겠소."

그 자리에서 안 의사는 히라이시에게 이런 부탁을 했다.

"만일 허가할 수 있다면, 사형 집행 날짜를 한 달 남짓 늦추어주시오. 『동양평화론』이라는 책을 한 권 집필하고 싶소."

그 말에 히라이시가 말했다.

"어찌 한 달뿐이겠소. 설사 몇 달이 걸리더라도 특별히 허가하겠으니 걱정 마시오."

안중근 의사는 그 말이 지켜질 거라고 생각하고 공소권을 포기했다. 그에게 사느냐 죽느냐는 그다지 중요한 문제가 아니었다. 다만 『동양평화론』을 완성할 수 있는 시간만 있으면 되었다. 자신이 무엇을 위해 이토에게 총을 겨누었는지를 세상에 밝히는 동시에 자신의 주장처럼 동양 평화가 이루어지기를 바랐기 때문이다. 그러나 히라이시는 사형 연기를 고려해볼 생각이 애초에 없었다. 사형 연기를 청한 건 오히려 형무소장 구리하라였다.

훗날 발견된 구리하라 형무소장의 일지 형식 『구리하라 보고서』에 의하면, 1910년 3월 19일에 구리하라는 조선통감부 사카이 경시에게 '사형 선고를 받은 안 의사가 『동양평화론』을 완성할 수 있도록 사형 집행을 보름 정도 연기해주었으면 좋겠다'라는 편지를 보냈다. 통감부의 선처를 구하려는 듯 안 의사의 근황을 상세하게 설명하고 있는데 요약하면 이렇다.

안 의사가 『동양평화론』의 서론을 끝내고 본문을 집필하는 중이다. 본인은 철저하게『동양평화론』의 완성을 원하고, 사후에 이 책이 반드시 빛을 볼 것이라 믿고 있다. 얼마 전 논문 저술을 이유로 사형 집행을 15일 정도 연기하도록 탄원했으나 허가되지 않을 듯하다. 결국『동양평화론』의 완성은 바라기 어려울 것 같다.

사형 집행일을 일주일 앞두고 다급한 마음에 통감부에 선처를 구하고 있는 구리하라의 안타까운 심경이 읽힌다. 비록 일본이 제국주의 논리를 앞세워서 한국을 포함한 주변국들을 침략했지만 이런 일본인들도 있었다는 사실을 우리는 기억해야 한다. 일본의 총리를 사살한 사형수를 위하여 형무소장이 이런 편지를 보낸 건 그만큼 안중근의 사형을 늦추고 싶은 마음이 간절했기 때문이다. 자칫하면 자신의 목숨까지 위태로울 수 있는 상황이었다.

이 사실을 안중근 의사가 알았는지는 모르겠지만 그들 사이엔 사람들이 짐작하는 이상의 교감이 오갔던 것 같다. 안중근 의사와 지바 도시치, 쓰다 가이준의 관계가 우정에 가까웠다면 구리하라는 후원자에 가까웠다. 형무소장이라는 직함을 최대한 내세워 안중근을 도우려 했기 때문이다. 구리하라의 이런 마음을 모를 리 없는 안중근이다.

안 의사의 유묵 '경천'은 그 즈음에 구리하라에게 준 것이다. '경천'이라는 글자를 쓴 건 구리하라가 원해서였다는 이야기도 있고, 안중근 의사가 직접 고른 단어라는 이야기도 있다. 어쨌든 죽음을 앞둔 시점에서 '하늘을 우러러'라는 의미의 '경천'을 써서 형무소장에게 주었다는 건 시사하는 바가 크다.

이 유묵을 쓴 지 며칠 되지 않아 안중근 의사는 결국 사형을 당하고 말았다. 얼마 동안이라도 사형을 연기해보고 싶었던 구리하라로선 마음이 아팠을 것이다. 더욱이 사형이 있던 날 오후 5시에 히라이시 고등법원장의 주최로 파티가 열려 참석할 수밖에 없었다. 사형을 자축하는 사람들을 보면서 구리하라가 무슨 생각을 했을지 궁금하다.

그 후 구리하라는 '경천'을 마치 안중근을 대하듯 소중하게 간직했다. 죽음이 임박해서는 아들에게 물려주었고, 그 아들은 다시 아들에게 물려주었다. 그 사실이 이십여 년 전에 일본의 골동품상에 의해 공개되면서 세상에 알려졌다.

'경천'이라는 이 두 글자에는 '하늘 무서운 줄 알고 공경하라'라는 안 의사의 준엄한 가르침이 담겨 있는 듯해서 처음부터 이 글씨에 욕심이 났다.

일본에 찾아가 처음 이 글씨를 마주하는 순간 마치 안 의사를 보는 것 같은 감격에 눈물이 핑 돌았다. 글씨를 실제로 보고 나자 반드시 한국에 들여와야겠다는 생각이 들었다. 많은 사람의 도움으로 '경천'을 한국으로 들여올 수 있었으나 이 글씨를 내가 간직하기에는 관리도 쉽지 않았고, 글씨의 의미 또한 너무 컸다. 고민 끝에 경매로 내놓았다. 이 글씨의 가치를 알아봐주는 곳이 나타나기를 바라면서.

다행히 천주교 잠원동성당에서 구입하여 천주교 서울대교구에 기증하기로 했다. '경천'은 서울대교구를 통해 2017년에 완공 예정인 '서대문순교성지교회사박물관'에 전시될 예정이다. 내가 바라던 대로 '경천'이 제자리를 찾아가게 된 것이다.

2014년 8월 4일에 기증식이 있었다. 기증식을 마치고 '경천'을 구입한 잠원동성당의 김종박 사목회장, 서울대교구의 염수정 추기경 그리고 나 이렇게 셋이서 '경천'을 앞에 놓고 기념사진을 찍었다. '경천'을 한국으로 들여오기 위해 숱하게 일본을 오가며 골동품상을 설득했던 일들이 떠오르며 감개가 무량했다.

가톨릭 신자인 안 의사가 글씨를 쓰고, 형무소장과 그 가족이 긴 세월 동안 고이 간직하고, 사형수들의 대부라 불리는 스님이 한국으로 들여오고, 성당에서 그것을 구입해 천주교 대교구에 기증하기까지 꼬박 100년이 걸린 것이다. 하늘의 뜻인 듯해 이 모든 과정 앞에서 숙연해진다.

염수정 추기경 역시 나와 같은 취지의 말씀을 기증식에서 하셨다.

"안중근 의사를 추모하는 것은 그분의 삶과 신앙, 애국 애족 정신이 큰 귀감이 되기 때문일 것입니다. 원수까지 사랑하라는 말씀을 실천에 옮긴 안 의사의 삶을 본받아 우리도 평화의 도구로 살아야 합니다. 진정한 평화는 혼자 힘으로는 불가능하니 한마음으로 공동선을 이루기 위해 노력합시다."

안중근 의사의 후원자이자 지지자, 팬이기도 했던 구리하라는 안 의사가 사형당하는 날까지 그를 위해 무엇인가를 해주려고 했다. 안중근 의사가 사형당할 때 입은 한복은 안 의사의 어머니가 지어주신 거라는 이야기도 있지만, 일설에 의하면 한복을 지어 보내긴 했으나 뤼순 형무소에 미처 도착하지 못해서 구리하라가 자기 아내를 시켜 준비하게 했다는 이야기도 있다. 사실이 어떻든 구리하라가 안중근의 마지막을 위하여 한복을 준비해주었다 하더라도 그리 놀랄 일은 아니다. 그리고 그날은 구리하라에게도 매우 힘들고 고통스러운 날이었을 것이다.

안중근 유해를 찾아야 하는 이유

안중근 의사가 체포된 후 줄곧 안 의사의 옆에서 통역을 전담했던 소노키는 안 의사가 사형당하는 순간에도 그 자리에 있었다. 그날의 상황은 훗날 소노키에 의해 구체적이고 정확하게 알려졌다. 안 의사의 사형 집행은 매우 짧고 간단하게 이루어졌다. 이 과정에서 가장 고뇌했을 사람은 구리하라 소장으로 보인다. 그는 형무소장이라는 공적인 위치와 안중근에게 품은 우의 사이에서 갈등했을 것이다. 소노키의 증언으로 볼 때 구리하라는 자신의 공적 책임을 다하면서도 안중근에 대한 우의를 마지막까지 지키려 애쓴 듯하다.

1910년 3월 26일 오전 10시.

사형장 안에는 미조부치 검사와 구리하라 형무소장이 앉아 있었다. 그 자리에는 통역관도 있었다. 간수들이 안중근 의사를 데리고 사형장 안으로 들어왔다. 안 의사는 흰색 명주 저고리에 흑색 바지를 입고 있었다. 가슴에는 십자가가 달려 있었다. 여느 때와 다름없이 침착하고 평온한 얼굴이었다.

검사가 유언이 있는지 묻자 안 의사는 이렇게 답했다.

"별로 유언할 것은 없으나, 나의 이번 행동은 오직 동양의 평화와, 평화를 도모하려는 의지에서 나온 것이므로, 바라건대 오늘 이 자리에 있는 일본 관헌 각의도 나의 뜻을 이해하고 피차의 구별 없이 합심하여 동양의 평화를 위해 애써주기를 기원하오."

안중근 의사는 동양 평화를 위하여 삼창을 하도록 허락해달라고 했다. 그러나 구리하라는 그럴 수 없다고 했다. 사형 집행 원칙을 깨지 않으려고 그랬는지도 모르겠다. 검사의 수신호에 간수가 안 의사의 눈을 천으로 가렸다. 구리하라가 기도해도 좋다고 하자 안 의사는 이 분여 정도 무릎을 꿇고 앉아 묵도하였다. 이어서 간수 두 명이 안 의사를 데리고 교수대로 올라갔다. 소노키의 증언에서 이 두 사람이 지바와 다나카라는 내용은 없다. 그러니 이 두 사람일 수도 있고 아닐 수도 있다.

순식간에 형이 집행되었다. 10시 4분이었다. 10시 15분쯤, 의사가 시신을 살펴보더니 "절명했습니다"라고 말했다. 그러자 검사와 구리하라가 사형장을 빠져나갔다. 구리하라의 별도 지시로, 시신을 앉은 자세로 접어 나무통 관에 넣어 매장하던 보통의 사형수들과 달리 침관 형태의 새 관이 준비되었다. 그 위에 흰 천을 씌운 뒤 감옥 내 예배실로 옮겼다.

거사 직후 공범으로 함께 수감되어 있던 우덕순, 조도선, 유동하 세 사람이 불려 왔다. 구리하라의 배려로 장례미사를 보게 된 것이다. 세

246

사람은 관 안에 안중근이 있다는 사실을 알고 조용히 흐느끼며 찬송가를 부르고 기도를 드렸다.

오후 1시, 감옥 내 죄수 묘지에 안 의사의 시신이 매장되었다. 그날 뤼순 형무소에서는 하루 종일 여기저기에서 울음소리가 새어 나왔다. 한국 사람, 중국 사람 모두 한마음으로 비통해했다.

중국 사람들에게도 안중근 의사는 적국의 수장을 대신 해치워준 영웅이다. 중국 사람들에게 안중근을 아느냐고 물어보면 많은 사람이 "히어로hero"라고 대답한다. 기념관이 된 뤼순 형무소에는 지금도 많은 중국인이 자국의 애국지사들과 안중근의 흔적을 찾아보며 추모하고 있다. 뤼순 형무소에는 중국인 애국지사들도 많이 수감되었는데 중국 정부에서는 특히 안중근 의사 관련 기록물 제공에 가장 많은 공을 들였다. 사형 직전까지 수감되어 있었던 독방을 그 당시 그대로 재현해 사람들에게 공개하고 있다.

안중근 의사에 대한 중국의 국가적 차원의 예우는 그뿐 아니다. 안 의사가 이토를 저격한 하얼빈 역에 '안중근의사기념관'을 만들어 2014년 1월에 개관했다. 기념관 정문 위의 시계는 오전 9시 30분에 멈춰 있다. 안 의사가 이토를 저격한 시간을 기념하기 위해서이다. 안 의사는 비록 짧은 인생을 살다 갔지만 동양 평화를 위한 그의 희생이 헛되지 않았던 것이다.

그렇지만 안중근 의사는 죽어서조차 고국에 돌아오지 못하고 있다. 2015년은 안 의사가 서거한 지 105년이 되는 해이다. 어떻게 이렇게 긴 세월이 지나도록 유해조차 모셔 오지 못하고 있는지 안타깝기만 하다.

지금 서울 용산구 효창공원에는 김구 선생을 비롯하여 이봉창, 윤봉길, 백정기 등 독립운동가들의 유해가 안장되어 있다. 그런데 안 의사의 유해는 아직 찾지 못해서 가묘 형태로 있다. 가묘 앞에는 '이곳은 안중근 의사의 유해가 봉환되면 모셔질 자리로 1946년에 조성된 가묘입니다'라는 글이 새겨져 있다. 과연 언제쯤 안 의사의 유해를 모셔 올 수 있을까. 나라를 위하여 목숨을 건 대가는 죽고 나서도 가혹하기만 하다는 생각이 든다.

안중근 의사의 재판 과정에서 선고에 이르기까지 일본 판사들은 자율적인 결정을 할 수 없었다. 국제 여론이 악화될 것을 우려한 일본이 재판을 서둘러 끝내기를 종용했기 때문이다. 미리 사형을 결정해놓고 거기에 짜 맞춘 재판이 이루어진 셈이었다. 재판에서 사형 판결까지 일주일 만에 속전속결로 진행한 뒤 일본은 안중근 의사의 사형 집행을 독촉했다. 결국 사형 선고를 받고 사십여 일 만에 형이 집행되었다. 일본 정부가 사람들에게 주려는 메시지는 하나였다. 대일본제국에 저항하지 말라는 것이었다.

그날 오후 5시, 뤼순 고등법원장 관사에서는 '안중근 사건 관계자 위로 만찬회'라는 이름으로 성대한 축하연이 개최되었다. 자신들의 뜻대로 움직여준 안중근 재판 관계자들을 치하하기 위해 일본 정부가 마련해준 파티였다.

그곳에는 히라이시 고등법원장을 비롯해 경시청장, 검사, 통역, 서기 등 안중근 재판에 관계한 사람들이 모두 참석했다. 파티가 무르익자

고급 요정에서 불려 온 기생들이 춤과 노래로 흥을 돋웠다. 참석자들은 밤이 늦도록 흥겨운 시간을 보냈다고 한다. 그뿐 아니다. 재판 관계자들은 일본 정부로부터 각각의 공로에 따라 하사금도 받았다.

안 의사가 사망한 뒤 두 동생이 유해를 인도해 가려고 했지만 뤼순 형무소 측에서 내주지 않았다. 유해가 한국으로 갔을 때 한국인들의 반일 운동이 가열될 것을 우려한 일본 정부의 사주 때문이었다. 결국 안중근 의사는 아직 봄이 오지 않은 차가운 땅에 아무런 표식 없이 묻히고 말았다.

1945년에 태평양전쟁에서 패한 뒤 일본으로 철수한 뤼순 형무소 측이 모든 기록을 소각한 바람에 안중근 의사가 묻힌 위치조차 지금은 알 수 없다. 뤼순 형무소 뒤편의 사형수 묘지에 묻혔을 거라는 추정만 할 뿐이다.

그동안 국가와 민간 차원의 유해 발굴단이 수차례 중국 뤼순을 방문했지만 현재까지 아무런 단서도 못 찾고 있는 실정이다. 세월이 많이 흘러 유해들이 묻혀 있는 봉분들조차 지금은 흔적을 찾아볼 수 없다. 무엇보다도 중국 정부에서 적극적으로 협조하지 않고 있다. 그 이유는 북한에서도 안중근 의사 유해 발굴에 적극적이기 때문이다.

김일성은 생전에 가장 존경하는 인물로 안 의사를 꼽았다. 게다가 안 의사의 고향이 황해도 해주라 북한에서는 자신들에게 연고권이 있다고 주장하고 있다. 중국으로선 유해를 우리나라에서 찾도록 협조하자니 북한의 눈치가 보이고, 반대로 북한에 협조하자니 우리나라 눈치가 보이는 상황이다. 지금까지 중국은 자신들도 잘 모른다는 입장만

일관되게 보이고 있다. 그러나 중국 정부에서 모를 리가 없다. 설령 모른다 해도 그걸 알아내는 게 그리 어려운 일도 아닐 것이다.

나는 그동안 중국을 여러 번 드나들면서 유해를 찾아내고자 했다. 유해가 어디 있는지 알고 있다는 사람들에게 속아 목숨을 잃을 뻔한 적도 있었다. 그래도 유해 찾는 일은 절대로 포기할 수 없다. 죽음을 무릅쓰고 국가와 동양의 평화를 위해 희생한 안 의사가 편히 잠들지 못하는 한 나 역시 편안히 눈을 감을 수가 없다.

그동안 이 문제를 가지고 끊임없이 국내외 여론을 환기하고 중국 정부에 책임 있는 협조를 촉구하기도 했다. 이런 나를 보면서 일부에서는 유해를 찾고 안 찾고가 무슨 의미냐고 묻기도 한다. 그러나 그 일은 역사에 대한 예의이기도 하면서 대한민국과 국민이 안 의사에게 지고 있는 빚이기도 하다. "유해를 찾아도 한국으로 모셔 올 수 없다면 찾는 게 무슨 의미가 있느냐?"라고 말하는 이들도 있다.

분명한 건 안중근 의사의 입장에서 생각해봐야 한다는 것이다. 북이냐 남이냐를 따지는 건 그다음 문제이다. 일단은 그의 유해를 찾은 뒤 그가 원하는 고국 땅의 정확한 의미를 밝혀내야 한다. 105년이나 남의 나라 땅에 묻혀 있었는데 이대로 두다가는 안 의사가 고국에 돌아올 날은 점점 멀어질 것이다.

그동안 뤼순 형무소 일대 주민들과의 끈질긴 탐문 조사로 유해가 묻혀 있을 만한 곳을 알아냈다. 가까운 시일 내에 중국 뤼순에 가서 이번에는 꼭 유해를 찾아낼 생각이다. 이번에 찾아내지 못하면 앞으로 그런 기회가 영영 오지 않을 수도 있다. 내 몸은 점점 쇠락하고 있기 때문이다.

2015년, 금년으로 내 나이는 일흔세 살이다. 사실 요즘 시대에 그리 많은 나이는 아니다. 하지만 나로선 지금의 내 몸이 한없이 무겁기만 하다. 3년째 이틀에 한 번 신장 투석을 하고 있다. 네 시간 이상씩 굵은 바늘을 몸에 꽂고 피를 모두 뽑아 걸러내는 일을 반복하면서 극심한 통증에 시달리고 있다. 그조차도 치료가 아닌 연명일 뿐이다. 그 외에도 당뇨로 인한 여러 가지 합병증에 시달리고 있다. 몸이 너무 안좋을 때에는 차라리 아침에 눈을 뜨지 않게 되었으면 하는 생각도 한다. 내 육신과 영혼이 분리되어가는 중이라는 걸 절감하고 있다. 나에겐 남아 있는 시간이 많지 않다.

오늘이라도 투석하지 않으면 나는 죽는다. 투석한 그날 하루는 죽을 만큼의 고통으로 살아야 한다. 하루치 목숨을 벌기 위해서는 죽음과 같은 고통을 하루치 견뎌내야 한다. 그러면서 삶과 죽음의 경계를 넘나들고 있다. 죽음이 앞에 있다고 두려운 건 아니다. 인간은 누구든 죽는다. 영원히 사는 사람은 없다. 죽음은 필연이다. 조금 먼저 죽는 사람이 있고 조금 나중에 죽는 사람이 있을 뿐이다.

안중근 의사는 마지막 순간까지 죽음 앞에서 담대했다. 독실한 가톨릭 신자로서 자신이 구원받을 거라는 걸 확신했기 때문이다. 부처님의 교리도 다르지 않다. 우리가 흔히 죽는다고 할 때는 육체의 죽음을 말한다. 하지만 육체는 마음의 껍데기에 불과하다. 몸은 죽어도 마음, 혼, 정신은 죽지 않는다.

기독교나 가톨릭에서는 죽으면 천국에 간다고 하고 불교에서는 윤회한다고 하지만 육체는 죽어도 영혼은 죽지 않는다는 믿음은 일치한다. 나 역시 안 의사처럼 죽음 이후에 영원히 사는 세계가 있다고 믿는다. 그렇지만 이곳을 떠나기 전에 남은 일을 하고 가야 한다. 어쩌면 그것은 처음부터 나에게 주어진 숙명일지도 모른다.

어떤 날은 혼자서 일어날 수도 없다. 그런 날이면 나에게 단 하루의 삶도 남아 있지 않을 수 있다는 생각이 든다. 그럴수록 마음이 급해진다. 형무소 담벼락 뒤에서 태어나 스님이 되고 사형수들 교화를 하다가 그 일로 일본에 가서 안중근 의사를 만나기까지, 오래전에 준비된 인연이었던 것만 같다.

30년 가까이 안중근의 흔적을 쫓았던 나에게 남은 바람이 있다면 안 의사의 유해를 찾아 고국에 모셔 오는 일이다. 고국에 묻히고 싶다는 유언을 105년째 들어주지 못하고 있다는 것이 답답하고 안타깝다. 북한과 중국과 대한민국이 서로의 입장만 내세울 게 아니라 동양의 평화를 위해 자신을 희생한 한 청년의 숭고한 죽음을 어떻게 기억하고 새겨야 할지에 대해 생각해볼 때이다.

애국심을 일깨울 지침서
'코레아 우라'

　안중근 의사는 한국 침략의 원흉 이토 히로부미를 저격, 한국은 물론 중국인들에게까지 살신성인의 표상으로 추앙받는 독립운동가입니다. 이토 히로부미는 을사5조약 후 초대 조선통감으로 부임하면서 조선에 이어 만주에까지 침략의 손길을 뻗어 많은 인명 살상과 민족혼 말살의 악행을 자행한 인물입니다. 안 의사는 바로 그 역사의 죄인을 하얼빈 역에서 저격한 항일 의거의 상징적인 인물입니다.

　일제강점기에 나라의 독립과 사회정의 실현을 갈망하고, 동양의 평화를 사랑한 분이었습니다. 시대의 칼날 위에 발을 딛고서도 거리낌 없이 "나는 대한민국의 국민이다"라고 외친 불멸의 애국 의사입니다. 그럼에도 역사 서적이나 전기를 통해 알려진 단편적 기록 외로 당시 저격 현장에서 있었던 사실에 대해 추적하는 노력이 모자람은 안타까운 일이었습니다. 더욱이 의사의 충효에 대한 심도 있는 서술이 없는 실정임에 새삼 놀랍니다. 광복 70년에 즈음해 "조국이 광복된 후 나의 유해를 조국의 산하에 안장해달라"라는 피맺힌 화두를 외면할 수 없었던 박삼중 스님이 홀로 버거운 그 짐을 지셨습니다.

스님은 평생을 사형수 교화 사업에 진력해온 분으로 사회복지의 실천가이며 한일불교복지협회 회장이기도 합니다. 1992년에는 임진왜란·정유재란 때 왜군이 우리 선조들의 귀와 코를 처참히 잘라 간 이총·비총을 찾아내어 안장함으로써 민족정기를 환기했음은 난중의 승려 서산대사와 사명대사의 구국의 행적에 버금할 역사의 위업으로 기록될 것입니다.

스님을 사회복지의 사표로서 늘 존경해오던 차에 혼자 발로 뛰며 하얼빈 거사 안팎의 일화를 채록한 스님의 노고가 놀라울 따름입니다. 비록 육신은 아직 거두지 못해 고국에 안장해달라는 안중근 의사의 유언을 풀어드리지는 못했지만 안 의사의 정신적 혼령만은 국민의 품에 안겨드리려 한 것입니다. 이 책 『코레아 우라』가 국민 누구나 쉽게 당시 상황을 이해할 수 있게 할 뿐 아니라 애국심을 일깨우는 지침서가 되고, 안 의사를 새롭게 조명한 만큼 국민적 필독서가 되리라 믿습니다.

출간을 축하드리면서 어쭙잖은 글로나마 사회복지 현장의 한 사람으로 감사의 뜻을 올립니다.

사단법인 한국사회복지법인협회

회장 이동한

안중근을 위해 살다가 죽는 것이
녀 마지막 숙제이자 큰 바람이다.

-박삼중

한일 평화 세미나

일본에서 열린 안중근 의사 관련
한일 평화 세미나에 참석한 박삼중 스님.

안중근 유묵비

일본 다이린지에 세워진 안중근 의사 유묵비.
왼쪽은 다이린지의 주지 스님이다.

지바 부부

일본 헌병 지바 부부. 죽을 때까지 안중근 의사의 위패를 모시다가
죽기 직전 양녀에게 추모 기도를 이어달라는 유언을 남겼다.

안중근과 지바 위패

다이린지에 나란히 모셔져 있는
안중근 의사와 지바 도시치의 위패.

안중근 유묵 반환 협의 현장

안중근 의사가 당시 교화승이었던 쓰다 가이준 스님에게 써준 친필휘호.
쓰다 가이준 스님 열반 후 조카 쓰다 고도 스님이 보관하다가
박삼중 스님과 반환 문제를 협의했다.

미우라 여사

지바 부부의 양녀 미우라 여사.
지바 부부 사후 안중근 의사 위패를 모시고 있다.

사형 전 기도 자리

뤼순 형무소 내 사형장 가는 길. 안중근 의사가 사형 집행장으로 가던 중
이곳에서 10분 정도 기도하신 것으로 추정된다.

'00 3 26

안중근 추모식

안중근 의사 순국 100주년 추모식.
삼중 스님이 직접 분향하고 있다.

안중근 유해 찾기 현장

뤼순 형무소 우측 야산.
안중근 의사 묘 추정지 중 가장 유력한 곳이다.

안춘생 전 독립기념관장

안춘생 전 독립기념관장과 안중근 의사 반장 문제를 이야기 중인 박삼중 스님.
안춘생 전 독립기념관장은 안중근 의사의 5촌 조카이다.

안중근 강연 현장

군부대에서 안중근 의사를 주제로 강연 중인 박삼중 스님.
종교의 벽을 뛰어넘은 명강의라고 입소문이 나
수많은 군부대에서 같은 주제로 강연을 했다.

육군본부 내 안중근장군실

육군본부 참모총장실 옆 안중근장군실에서
한민구 전 육군참모총장과 함께. 안중근장군실을 만든
한민구 전 육군참모총장은 현 국방부장관으로 재직 중이다.

유묵 '독립'

일본 간센지 주지 히라타 마사즈미 부부가 소장한
안중근 의사의 유묵 '독립'. 현재 반환을 협의 중이다.

유묵 '경천'

안중근 의사의 유묵 '경천' 기증식.
이 유묵은 박삼중 스님의 노력으로 일본에서 반환받아
천주교 서울대교구(교구장 염수정 추기경)의 품으로 들어갔다.
(왼쪽부터)염수정 추기경, 잠원동성당 김종박 사목회장, 박삼중 스님.

『대한국인 안중근』, 김호일, 눈빛, 2010년 7월 30일

『대한의 영웅 안중근』, 안중근의사숭모회·안중근의사기념관, 2012년 3월

『안중근 의사의 유해를 찾아라!』, 안태근·김월배, 스토리하우스, 2014년 3월 26일

『안중근 의사 자서전』, 안중근, 범우사, 2014년 2월 15일

『"안중근의사" 제주와의 만남전』, 한글서예묵연회, 2014년 3월 1일

『중국신문 안중근 의거 기사집』, 독립기념관 한국독립운동사연구소 편, 독립기념관, 2010년 12월

독립기념관 http://www.i815.or.kr/kr

서대문형무소역사관 http://www.sscmc.or.kr/newhistory/index_culture.asp

안중근의사기념관 http://www.ahnjunggeun.or.kr

조선왕조실록 http://sillok.history.go.kr